丝 绸 之 路 与 敦 煌 文 化 丛 书

纪念敦煌研究院成立70周年

敦煌文化探微

赵声良

戴春阳　张元林　著

敦煌研究院　编著

江苏凤凰美术出版社

丝绸之路与敦煌文化丛书

敦煌研究院　编著
主　编　　樊锦诗
副主编　　赵声良

丛书总序

樊锦诗

　　丝绸之路，是中古时期一条曾经对中外经济文化交流起过重大作用的国际通道。从中国中部的都市长安向西，经过无数的山川与城市，穿越沙漠、戈壁与绿洲，一直通向地中海的东岸，丝绸之路沿线各地区各民族的文化，就因丝绸之路的发达而得到促进。其中，位于我国甘肃省河西走廊西端的敦煌无疑是丝绸之路上最受瞩目的一颗明星。自汉代设郡以来，敦煌成为总绾中西交通的"咽喉之地"。由敦煌向东，经河西走廊，可达汉唐古都长安、洛阳；向西通过西域（现我国新疆地区），可进入中亚、西亚、南亚，乃至欧洲的罗马；向北翻过马鬃山，可到北方草原丝绸之路；向南越过阿尔金山，可接唐蕃古道。敦煌在丝绸之路上的特殊地位，使它在欧亚文明互动、中原民族和少数民族文化交融的历史进程中占有重要的地位。公元4至14世纪，古敦煌地区受到佛教的影响，古代艺术家们在此建造了敦煌莫高窟、西千佛洞、瓜州榆林窟等一批佛教石窟，我们统称为敦煌石窟。通过敦煌石窟和敦煌藏经洞的出土文物，使我们了解到欧亚文明互动、中原民族和少数民族文化交融的历史，特别是在中古时期，中国、印度、希腊、伊斯兰文化在此汇流，羌戎、乌孙、月氏、匈奴、鲜卑、吐谷浑、吐蕃、回鹘、粟特、于阗、党项羌、蒙古、汉等民族的历史文化状况；中原的儒教和道教、印度的佛教、波斯的摩尼教、粟

特人的祆教（拜火教）以及西方早期基督教中的景教等宗教在丝绸之路沿线的发展状况；公元4至14世纪1000多年间佛教艺术的流传及演变等等丰富的历史。

敦煌文化的兴衰，又与丝绸之路的繁荣与衰落息息相关。自汉代以来，丝绸之路的开辟以及长期的繁荣，给中西文化的传播与交流提供了巨大的空间，位于丝绸之路要道的敦煌便在东方与西方文明的交流与融合中，发展了自身独特的文化艺术，保存至今的敦煌石窟艺术以及藏经洞出土的卷帙浩繁的大量文献，就蕴藏着无限丰富的古代宗教、文学、历史、音乐、美术等等丰富的遗产，成为今天学者、艺术家、旅游者瞩目的对象。

古代敦煌文化之所以得以繁荣，正是由于汲取了丝绸之路上中西文化的丰富营养。今天，我们又处于一个中外文化交流的大好时机，更应该以开阔的胸襟，放眼世界，从更广更深的角度来看待丝绸之路与敦煌的文化艺术。"丝绸之路与敦煌文化丛书"就是希望以更新的视角、更新的方法来探讨丝绸之路与敦煌学的相关问题。另一方面，我们今天的学术研究，不能再局限于书斋之中，更应该考虑到对社会的责任，要尽可能地把学术研究的成果转化成普通读者的精神食粮，为当今的精神文明建设服务。要让更多的非专业人士也对敦煌、丝绸之路这样的古代文明感兴趣，并从中得到收益。这也是我们今天学术研究者的责任。

敦煌文化探微

主　编

樊锦诗

副主编

赵声良

撰　稿　　赵声良　戴春阳　张元林

摄　影　　吴　健　孙志军　孙洪才

　　　　　乔兆福　余生吉　赵声良

目　录

第一章 敦煌文化概述

第一章

敦煌文化概述

敦煌自汉武开疆立郡，便成为汉王朝的西陲门户，其连通东西的特殊位置，使之成为丝路上的通都要邑和东西文化交流的第一个交融点。开放包容的文化土壤，成就了连续千年的佛教艺术圣地；特殊的气候条件，保全了博大精深的中古文化典籍宝藏。一经开启，虽仅以边郡地域冠名，但深邃灿烂的文化基因，迅即使之成为世界文明的象征；正是这样的文化奇迹，使之成为世界"显学"；它的内涵虽是历史，但探索和研究使之不断充实和更新——这就是敦煌文化！也是它的真谛和魅力！

第一节　地域文化与世界显学

敦煌学为世界显学，在学术界早已成为没有异议的共识。我们知道，敦煌学是指国际上以敦煌地区古代遗迹（石窟）、遗物（以藏经洞出土文物为核心的各类文物）、敦煌学理论为主，兼及敦煌史地（含河西、高昌）为研究对象的综合性学科，它具有不断深化、丰富的特质。

敦煌文化作为以地冠名的地域文化是指敦煌地区各民族的历史、地理、风土人情、传统习俗、生活方式、文学艺术、行为规范、思维方式、价值观念等。由此可见，其核心是一种客观的社会现象，是人们长期创造形成的产物；同时又是一种历史现象，是社会历史的积淀物。因而，伴随着敦煌学研究的不断深化，"敦煌文化"已成为一个内涵丰富、外延宽广的多维概念，成为众多学科探究、阐发、争鸣的对象。

敦煌文化虽然属于地域文化，但上述载体所承载的博大精深的精神财富，举凡政治、经济、军事、教育、文字（汉、藏、梵、吐火罗、回鹘、于阗、粟特、西夏等）、文学、学术思想、宗教信仰、道德情操、石窟（雕塑、绘画、书法）艺术、科学技术、风俗习惯、各种典章制度等百科全书式的文化遗产，无不体现和代表了其时中华文明和异域文明的最新成果和先进文化。因而，可以毫不夸张地说，敦煌文化是名副其实的世界文化遗产并实际具有世界文明的象征意义。

这样，我们就不难理解，从上世纪上半叶开始，以伯希和、王国维、陈寅恪等为代表的中西方文化大师对敦煌文化的关注和研究热情；以常书鸿为代表的艺术翘

敦煌文化探微

楚在游学巴黎专攻油画时偶见敦煌艺术作品后即毅然回国、半生坚守保护敦煌石窟的执着；以樊锦诗等为代表的几代"敦煌儿女"对敦煌文化不仅投以美好青春年华并作为一生的无悔追求。

不仅如此，即便一般慕名来敦煌参观或从其他途径得览精美绝伦的敦煌壁画的各界人士与朋友，在无不叹为观止和更欲得窥敦煌文化富于传奇的堂奥的同时，许多朋友都在思考、追问：以今天看亦属僻远汉唐更为边鄙的敦煌，为什么会成就如此绝无仅有的文化伟业？而这无疑是我们应该回答的基础性问题。

第二节　敦煌文化的历史地理背景

敦煌马圈湾、南湖等地的考古文化遗存表明，早在公元前 2000 年前后，属于青铜时代的四坝文化火烧沟类型的先民，就已经开始了对敦煌地区的开发，他们以农业为主兼营畜牧，他们烧制的彩陶带有鲜明的黄河上游地区新石器时代晚期马家窑文化马厂类型及青铜时代齐家文化的典型装饰风格，而他们使用的三角形器盖和砷铜制品以及铜、陶质权杖头则又与中亚、美索不达米亚地区具有紧密联系，小麦的种植则不能不将我们的视线引向小麦的原产地西亚。在这样的背景下，殷墟妇好墓出土了大量用和田玉雕琢的精美玉器就很好理解了。春秋战国时期，月氏、匈奴等游牧民族相继在这里活动。公元前 121 年汉武帝开疆扩土，敦煌地区正式纳入汉王朝版图，为西域的经营奠定了基础，进而使中西交流成为汉王朝的国家行为。公元前 111 年设敦煌郡以后，犯官、戍卒、贫民、刑徒等中原移民构成敦煌居民的主体，其中不乏内地的世家大族。如 P.2625《敦煌名族志·索氏》载：

汉武帝时，太中大夫索抚、丞相赵周直谏忤旨，徙边，以元鼎六年（公元前 111 年）从钜鹿南和迁于敦煌。凡有二祖，号南索、北索。初索抚在东，居钜鹿之北，号为北索；至王莽天凤三年（公元 16 年），鸣开都尉索骏复西敦煌，骏在东，居钜鹿之南，号为南索。莫知其长幼，咸累代官族。

又如《颍阳令曹全碑》谓曹全"敦煌效谷人也"，述其先祖称：

其先盖周之胄，武王秉乾之机，翦伐殷商，既定尔勋。福禄攸同，封弟叔振铎于曹国，因氏焉。秦汉之际，曹参夹辅王室。世宗廓土斥竟（境），子孙迁于雍州之郊，分止右扶风，或在安定，或处武都，或居陇西，或家敦煌。枝分叶布，所在为雄[1]。

限于篇幅，以上所举无疑仅为其中荦荦大者。这些世代居住在河北、陕西而迁居敦煌的世家大族，他们深厚的中原传统文化底蕴及所带来的先进的中原文化成果构成

【1】《汉曹全碑》（故宫博物院拓本影印），文物出版社，1982年。

与中原文化同步的中国传统主流文化基础，而与当地少量原居民（实际上是更早的游牧移民）所积淀的与西域、中亚千丝万缕的文化因素和谐共处，共同构成了坚实的汉晋敦煌文化土壤。而这种以移民为主体的居民构成特点及在新迁地域披荆斩棘共克时艰的共同开发经历，使得他们较少拘泥于区域的异同，而更富于相互理解和包容，终于形成这一地区自觉的包容并蓄的文化基因。这样就使汉族与月氏、匈奴遗绪及以后与鲜卑、粟特、吐蕃、回鹘、党项、蒙古等少数民族的和平共处成为常态。

敦煌，地处河西走廊西端，西邻西域。丝绸之路开通后，自西海（地中海、里海）东行经西域门户伊吾、高昌、鄯善三道"总凑敦煌，是其咽喉之地"[2]。作为汉王朝的西部边陲，敦煌所具有的控扼东西交通的特殊地理位置，使它成为汉王朝经略西域的桥头堡（图1-1）。而两汉之际，西域又正是佛教东传的前进基地。

汉代悬泉置遗址出土的西汉昭帝（公元前87年—公元前74年）以后的简牍表明，悬泉置驿站的一个重要职能是接待西域诸国来华使节，曾接待过来往于汉廷和西域之间的大月氏、康居、龟兹、罽宾、大宛、乌孙、于阗、精绝等29国使节[3]。汉末三国间来华的著名译经高僧、居士安世高、安玄、支楼迦谶、支谦、康巨、康孟详、康僧会、白延等正是分别来自于西域的安息、大月氏、康居、龟兹等国[4]。而"大月氏王使伊存口传浮屠经"的历史记载，表明早在西汉哀帝时期（公元前7年—

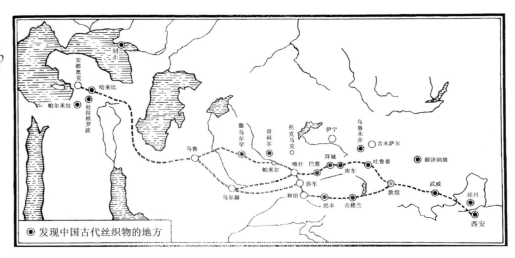

图1-1　丝绸之路示意图

【2】裴矩《西域图记·序》，见《隋书·裴矩传》，中华书局，1973年，第1579、1580页。

【3】甘肃省文物考古研究所《敦煌悬泉汉简内容概述》《文物》，2000年，第5期，第21—25页。

【4】分别见释慧皎《高僧传》《大正藏》第50册，新文丰出版公司，1983年，第324页；释僧佑《出三藏记集》《大正藏》第55册，第95—97页；释靖迈《古今译经图记》《大正藏》第55册，第350页；智升《开元释教录》《大正藏》第55册，第487页。

前 1 年），作为西域社会上层的使节本身，实际成为东向传播佛教的先驱。西晋太康五年（公元 284 年）敦煌菩萨竺法护返敦煌，仍从龟兹副使羌子侯处得到《不退转法轮经》并译为汉文，可见使节传法可谓传统。更不用说大量东向弘法的一般僧侣与兼通东西的译经高僧了。

1991 年敦煌悬泉置遗址考古发掘出土一枚东汉明帝时期以"浮屠"作为地名的简牍Ⅵ91DXF13C②：30：

少酒薄乐，弟子谭堂再拜请。会月廿三日，小浮屠里七门西人。

浮屠／佛塔，实质上是佛教寺院的象征和标志；"里"，是古代社会居民的基层管理组织。敦煌在东汉明帝时期就将"浮屠"这具有特定文化内涵和指向的外来词语用作地名，表明当地居民对佛教文化的坦然和安之若素，可见敦煌作为汉王朝西陲郡治，已成为了解异域文明的窗口和文化交融的首善之区。三国魏时，天竺沙门竺高座在敦煌"立寺"宣讲佛教。慧皎《高僧传》所录后汉到西晋时期的高僧 17 人，其中敦煌籍或与敦煌有密切关系的高僧有竺高座、竺法护、竺法乘、于道邃 4 人，比例近 1/4。由此可见佛教入华早期在敦煌习学和传播的盛况。

需要注意的是，精通汉语和梵文的竺法护游历西域诸国，带回大量梵经，在东返经敦煌到长安的路上译为汉文。他所译写的大量佛经"广流中华"。其年届 55 岁以后，虽"声盖四远"，仍不惮疲苦，两次西赴敦煌，先后从罽宾文士竺侯征、龟兹副使羌子侯等人手中再获新经，在敦煌又相继翻译了《修行道地经》《阿维越遮致经》及《正法华经》等。当时从西域携经来华的各色人等，于敦煌或暂驻或定居；此外敦煌还聚集了大量来自印度、西域的"沙门""居士"，竺法护译经时常与他们"参校"切磋；本地的大量汉族居民也相互"劝助"，共襄译经盛事。可见在敦煌可低成本（时间、空间）地进行佛教文化交流。这一现象表明西晋时期敦煌已成为佛法聚集和东进的重要基地。

中国现存四大石窟中，云冈、龙门石窟皆为北魏孝文帝所置，其虽均地处京都，但因人置废，故都具有很强的时段性。麦积山石窟最得山水地利灵秀，自是禅僧遁世隐修的不二之选。而敦煌是河西诸绿洲中为戈壁环绕的最小的绿洲，其经济实力与帝都及开发较早的甘肃东部相较，差距之大不可以道里计；较之河西东邻的武威、张掖、酒泉诸绿洲，亦难望其项背。其生态环境、自然条件不要说与山奇林郁、石静溪幽的甘肃东部相比，即便与河西走廊东部相比亦不占优。然而前秦建元二年（公元 366 年），自东而来的"沙门乐僔杖锡西游至此（鸣沙山）……架空镌岩"[5]，"次有法良禅师从东届此"营建"伽蓝"[6]。那么是什么原因使西游、东来之僧不惮跋碛涉沙，独垂青于敦煌呢？

【5】 敦煌研究院《敦煌莫高窟供养人题记》，文物出版社，1986年，第72页。
【6】 宿白《中国石窟寺研究·武周圣历李君莫高窟佛龛碑合校》，文物出版社，1996年，第265页。

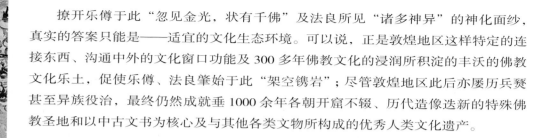

撩开乐僔于此"忽见金光，状有千佛"及法良所见"诸多神异"的神化面纱，真实的答案只能是——适宜的文化生态环境。可以说，正是敦煌地区这样特定的连接东西、沟通中外的文化窗口功能及300多年佛教文化的浸润所积淀的丰沃的佛教文化乐土，促使乐僔、法良肇始于此"架空镌岩"；尽管敦煌地区此后亦屡历兵燹甚至异族役治，最终仍然成就垂1000余年各朝开窟不辍、历代造像迭新的特殊佛教圣地和以中古文书为核心及与其他各类文物所构成的优秀人类文化遗产。

第三节 敦煌文化的内涵、特点与价值

伴随着上世纪初敦煌石窟藏经洞文献的发现和传播，在中国文化的谱系中催生了举世瞩目的"敦煌学"，从而使敦煌走向了世界。

敦煌文化的内涵非常广泛，作为以地冠名的地域文化，其核心无疑应以最有代表性的敦煌石窟群（敦煌莫高窟、西千佛洞，瓜州榆林窟、东千佛洞及肃北五个庙石窟等）的石窟考古、石窟艺术以及藏经洞文献的综合研究为标志（图1-2、图1-3）。

图1-2　敦煌莫高窟外景

图1-3 瓜州榆林窟外景

　　敦煌石窟群，是在敦煌地区厚重的汉晋传统文化土壤中滋养生发的东土佛教石窟艺术奇葩。石窟本身既是僧众参禅悟道的特定场所，也是佛教艺术的重要载体。仅就石窟而言，虽然石窟并非敦煌独有，但敦煌石窟自十六国时期至元代，历朝历代持续开窟造像，纵贯千年。这种具有不同时代烙印、不同民族风格、不同文化（狭义）特点的连续性的遗存本身，在人类历史上却是一个绝无仅有的奇迹。

　　魏晋北朝时期，在敦煌停留的传教僧侣使节，大多学贯东西，既有深厚的佛教造诣，又熟知汉文化真谛、异域普罗大众文化心理特点。他们深知艺术所特有的穿越种族、文化的强烈感染功能，基于敦煌地区以莫高窟为代表的一些便于开窟造像的地点不利于雕刻的地质岩性特征，他们选择了更便于表达丰富曲折的佛教义理的壁画形式，并最终成就了功垂千古的敦煌石窟壁画。

　　为吸引信众，弘法僧侣组织画师尽可能地把深奥、抽象的佛教史迹、经义以故事性极强的故事画的形式绘于洞窟壁面，于耳濡目染之间，浸润人们的心灵，宣扬佛理。因此壁画内容极为丰富、情节生动感人，它首先以精美的形象吸引人、浓郁的生活气息贴近人、鲜明的佛教主题教化人。如经变画中许多多姿多彩与每个人都息息相关的生产、生活场景，瞬间便拉近了与观者的距离；美轮美奂的亭台楼阁、亦真亦幻的玉宇琼苑所象征的神圣的佛国净土极乐世界，引发人们美好的向往和热烈的追求；栩栩如生的佛传、本生、因缘故事，则劝人行善向佛。而这一地区贯通东西的地理位置、敦煌文化兼容并蓄的文化基因，使得东来西进代表各个时期不同地区、文化的最新画风和流派的画作粉本（画稿），源源不断地集汇于敦煌。如以展子虔、阎立本、吴道子等中古帝都画坛巨匠为代表的京都画风，很快在隋代第419窟、420窟，初唐第220窟，盛唐第103窟等石窟壁画中得以体现；于阗瑞像、吐蕃占领期的印度波罗密教艺术则是中晚唐开始出现的新风尚。以致仅现在能看到的敦煌石窟群壁画就达5万多平方米，是世界上壁画最多的石窟群，基本体现了中古时期各个历史阶段绘画艺术的最高水平及艺术特点。

揭开佛教教义的神秘帷幄，敦煌壁画丰富多彩的佛国世界又正是当时现实世界的真实折射。正是从这个角度，我们从繁盛神秘的宗教文化的背景下，所看到的当时人们的生产生活、民俗节庆、婚丧嫁娶、喜怒哀乐等人生百态，就不再有时间的距离而可以直接对话——农作图中的满足和亲切、嫁娶图中的喜悦和热烈等；建筑、服饰、用具、工具等具有不同时代烙印的物质造型，则似乎触手可及、可感可知——普通民居的朴实可信、帝都崇楼的天国蓝本，从而构成了敦煌中古时期活灵活现连续的社会文化发展演变图谱。因而壁画所包含和直接反映的历史、民族、文化、教育、经济、建筑、科技、民俗、生产生活、医疗卫生、东西交流、汉晋传统文化与佛教文化的关系、寺院、宗教、宗教流派、参禅仪轨、石窟形制、石窟（壁画、雕塑）艺术、世族关系、供养方式等丰富内涵，就不再是抽象的概念，它们不仅是取之不尽用之不竭的东西文明交融的文化宝藏，同时还具有现代文明的博物馆功能。

还要注意的是，石窟营建过程中由于开窟家族功德供养等需要，导致后人对前人所开洞窟的维修、扩建及重修，从而形成大量后期壁画覆盖前期壁画的现象，即敦煌石窟还具有遗址层累叠压的性质。而现存表面壁画的重大文物价值，却不可能像遗址那样去挖掘揭露，因而被叠压的早期壁画的探索认识只能期待以科学技术手段，既充分保护现存洞窟又可认知更多的未知之谜。从这个角度来说，敦煌石窟本身还具有原生遗址博物馆的性质。由此，则敦煌文化的内涵将不断被充实，我们对之的认识也将不断被更新。应用现代科学技术对敦煌石窟的综合性文物保护的新学科、近年敦煌北区考古发掘的许多重要考古新发现和研究成果等等，无不充分地说明了这一点；而正在进行中的具有前瞻意义的"数字敦煌"的建设等，也必将促发新的学术研究方向。

在敦煌文献中，仅藏经洞出土文献就达5万多件，上起西晋永兴二年（公元305年），下至北宋咸平五年（公元1002年）；加上敦煌石窟北区近年考古出土的西夏文、回鹘文、藏文、蒙文（含八思巴文）、梵文（含婆罗迷文）元代佛教典籍以及叙利亚文《圣经》摘录等文献，它的起迄上下限与敦煌石窟的开凿基本同步，也历时千年。它以佛教为核心的宗教文献为主（90%）；其他文献虽总量不大（10%），但内容极为丰富，涉及政治、经济、军事、地理、民族、语言、文学、教育、天文、历法、算学、医学、科技、美术、音乐、舞蹈、体育等，几乎包含了中古时期社会文化的各个方面，而且文化内涵远远突破了敦煌本身的地域局限，作为标本足以代表中华文明及与西方文明的文化交流背景，因而堪称中国中古时期的百科全书。

从文献内容及其比例，我们可以看到敦煌文献属性——佛教寺院藏书这样一个事实。那么，既然是佛教寺院藏书，为什么会收藏大量其他世俗文献呢？这是许多朋友在叹羡于敦煌文献的博大精深的同时所产生的疑问。

我们知道，宗教寺院本身，多具有当地文化重要的聚焦点的特点，修行者也大多是文化精英。许多佛教高僧本就学贯东西，他们在参悟佛法的同时，也常研习中国传统典籍书、经、天文、地理，参酌道教等其他宗教文献等。这一方面当然是出自更好地传播佛教的功利需要，同时也是高僧大德的个人文化素养和修为。如有"敦煌菩萨"之誉的竺法护"博览六经（《诗》《书》《礼》《易》《乐》《春秋》）"[7]兼通百家之言，因而佛教寺院藏书阁（相当于今图书馆）藏书必有广泛性的基本特点。此外，颇具敦煌教育特色的"寺学"，除了教授经、律、论外，世俗的开蒙读本显然是文化教育的基础。

在客观物质条件方面，虽然敦煌悬泉遗址出土的西汉纸，将我国纸的发明和使用提前到汉武帝时期[8]，但作为生产效率较低的手工产品的有限产量和官府文书、法律档案、文化（传统典籍、文学）、教育、商业契约文书等尤其是与佛教相关的写经、佛事等活动的大量无限用纸需求之间，必然产生巨大差距，因而出现一纸多用这样必然的选择。如许多写本佛经背面书写契约、字书（字典）、诗文、杂写、收支账目及于阗文信札、情诗等，道教经典背面书写佛事发愿文文范、祭亡文等，传统典籍（经、史、子、集）背面书写佛经、星占书、诉状等，类书（非经史子集外的资料性著作）背面书写契约等，废弃的官府文书背面书写佛经、佛经摘抄等等。而由于中国文化和佛教（有专司的拾字僧）共有的敬惜字纸的传统，遂使蒙童的涂鸦之作、废弃的籍账等也留存于敦煌文献收藏之中。"垃圾"与宝藏，这特定背景所决定的转换，通过时间隧道得以体现。

作为敦煌文献主体的佛教文献，除了大多数为历代《大藏经》收录的传世佛经外，还有很多传世《大藏经》中所没有的佛教典籍、中国僧人的佛教著述、隋唐时期逐渐被取缔的佛教宗派三阶教的典籍以及禅宗（彻底中国化了的佛教）早期已湮没的著述，丰富的佛教著作典藏不仅充分展示了敦煌地区活跃的佛教文化和诸家争

【7】释慧皎《高僧传》，《大正藏》第50册，新文丰出版公司，1983年，第326页。
【8】甘肃省文物考古研究所《甘肃敦煌汉代悬泉置遗址发掘简报》，《文物》，2000年，第5期，第14页。

鸣、并存的良好文化氛围，文献本身还具有极为难得的拾遗补缺和校勘的历史文化价值；而道教、景教（基督教）、摩尼教典籍和藏、粟特、于阗、回鹘文佛教典籍，从一个侧面表明多元文化交流的文化面貌，对于哲学史和文化哲学的研究具有重要意义。

敦煌文献的突出价值主要体现在两个方面：一为新资料。清代学人得一宋本，便如获至宝欣喜若狂。5 万余卷敦煌文献则均为北朝至 13 世纪的文书，可谓名副其实的文化宝藏。王国维先生学术史上的"四大发现"[9]说和陈寅恪先生的"世界学术之新潮流"[10]说的核心，均就资料之新而言。其二，敦煌文献全部都是当时社会文化的原始记录，其与正史不同，不受撰述者以外权力因素的干扰和左右，因而可以切实感知当时社会方方面面的真实面貌，丰富了中国 7 个多世纪历史的认识，填补了中国历史的许多空白。如虞世南的《帝王略论》在明清时失传、李泰的《括地志》南宋佚失，而敦煌写本可补该书之阙；正史唐朝中央官制与敦煌文献中地方官制的互补，唐朝《公令式》以外的各种官文书；归义军与唐王朝的关系，敦煌文献所载与史籍的牴牾；等等。由于其中唐代文献最为丰富，相关研究对于唐代历史研究的推动尤其明显。大量的社会基层社邑组织及其运作、士族、家庭、佛教教团、寺院经济、民俗等资料向为正史所不载，而这却是完整了解和研究中古社会历史文化不可或缺的基本资料。

敦煌文献中还有大量非汉语文献，许多是已经消失的"死语言"。如源起蒙古高原北部色楞格河、鄂尔浑河流域的维吾尔族先民（其后裔皈依伊斯兰而改用阿拉伯文）属于阿尔泰语系突厥语族的回鹘文、塔里木盆地南缘于阗国居民（公元11世纪与维吾尔人同化，原语言渐消亡）属于印欧语系伊朗语族东伊朗语支的于阗文、中亚泽拉夫珊河流域的粟特（索格底亚那）地区居民的粟特文等。这些文献对于相关民族的历史文化研究的价值和意义自不待言，其与汉文献以及多种宗教的共处、交流本身，展示了敦煌文化的自信、自由、开放和包容并蓄。在这样文化基础上的文化昌盛和博大精深，是文化发展的必然结果。这种文明昌盛的因果逻辑，对于我们今天的社会文明建设和价值取向，应该具有强烈的启示意义。

正是有赖于上述大量各类历史文化遗存，表明敦煌文化内涵的博大精深。择其要者简述如下：

1. 敦煌文化的重要特色——繁盛的宗教文化。从敦煌石窟的不断开凿以及石窟壁画和藏经洞文献可以看到，在相当长的历史时期内，佛教在古代敦煌宗教文化中始终占据着主要地位。佛教文化的昌盛，不仅体现在北朝——隋唐时期中国大乘佛

【9】王国维《最近二三十年中国新发见之学问》，《学衡》，1925年，总第45期。

【10】陈寅恪《敦煌劫余录序》，《历史语言研究所专刊》之四，1931年。

教的各个主要思想宗派，如净土、华严、天台、唯识、禅宗、律宗以及密宗等宗教流派的相互促进和发展，传译、抄写佛经以及开窟造像、举行法会等正统的宗教活动的频次和规模，尤其是在敦煌古代人民的日常生活、岁时节庆和娱乐活动中所体现的佛教文化的印迹，几乎无时无处不在——即作为一种潜意识的哲学思维方式，反映到古代敦煌社会的方方面面。道教作为土生土长的中国宗教，虽然它不具备佛教那样完备、规范的宗教仪轨，但仍以它所特有的根深蒂固的多神崇拜的思想方法存在于古代敦煌。由于历史上敦煌地区一直多民族共居，由于各自的内在文化脐带和文化联系，其他外来宗教如袄教、摩尼教、景教和伊斯兰教等，也在特定的民族文化圈内畅行其道。其中吐蕃占领敦煌晚期的吐蕃僧法成从汉文译成藏文和从藏文、梵文译成汉文佛经的翻译、著述等佛事活动，无疑促进了吐蕃佛教与汉地佛教的交流融合。敦煌文化这一现象本身的价值不在于争雄排次，而是不同文化价值体系的和睦相处。

2. 敦煌古代社会文化中精神财富的集中代表——文化、教育始终紧密结合在一起。文化学术方面的建树主要体现在对传统儒家经典的研究、阐释和史书研习、地志、地理典籍的撰修等方面。而自敦煌开郡伊始，设立学校教书育人，便成为敦煌文化的重要传统，以致从汉代开始，在中国历史上占有一席之地的文人代出、雅士不绝。如东汉敦煌渊泉人张奂，以东汉经学家牟长所撰"四十五万余言"的《尚书章句》"浮辞繁多"，将之删为"九万言"，可见其经学功底之深厚。其子张芝擅长草书，致有"草圣"之誉。晋代索靖、汜衷、张甝、索绥、索永以才艺"驰名海内，号称'敦煌五龙'"[11]。这些在文化学术方面贡献显著的学人本身，就显示了敦煌文化教育底蕴的厚重和卓然成就。北朝时期郭瑀、刘昞师徒均精通经义，俱为名重一时的硕儒。前者长于经学阐释，后者热衷史书及糅合诸子思想论说兵家战略，虽互有短长，但最大的共同点是都热衷教育，均亲自开馆讲学。正是在这样重教兴学的氛围里，十六国时期私学勃兴，与官学并立；隋唐时期，新兴的私学作为教育机构的重要补充与传统的官学并重，成为敦煌教育机构设置的一个重要特点并发挥着重大作用。壁画和文献所反映的射箭、捧跤、相扑、击剑、武术、杂技、举重、棋弈、投掷、马术、马球、游泳、跳水等运动项目。其中既有对抗性强的竞技项目，也有轻松的娱乐表演性项目以及健身养生类和益智类项目，内容几乎涵盖现代体育的各个门类。

由于敦煌地区多民族、多种宗教、多种文化长期并存，致使社会生活的各个方面都体现出鲜明的地域文化特点。如特定地理条件下的发达的商业经济生活形态、

【11】《晋书·索靖传》，中华书局，1974年，第1648页。

复杂的城市居住布局、独特的饮食结构和形式、华美多姿的的服饰装扮、具有浓郁佛教氛围的岁时节令、不弃传统善融新俗的嫁娶丧葬等等，其社会生活的丰富多彩，令人目不暇接。

3. 敦煌文学、语言——敦煌文学从性质上可分为两类：一类是传世文人诗文的抄本，属传统的文人士大夫的正统文学作品；一类是以讲经文、变文、词文、话本、缘起故事、俗赋、曲子词、白话诗等为代表的俗文学作品。特定意义上的"敦煌文学"显然是指敦煌特有的俗文学，其形式和体裁都有别于正统文学，鲜活、明快，具有浓郁的宗教、生活气息。值得注意的是，鸿篇巨制的《维摩诘经讲经文》，已经孕育了后代章回体白话小说的雏形。敦煌文学真实呈现出多姿多彩的唐五代民间文学面貌及发展演化脉络，对于中国文学史的研究具有重要意义。

敦煌文献中相当数量的梵文、古藏文、回鹘文、于阗文、粟特文等多种语言文献，对研究中外关系及西北民族关系及相关语言文字的研究具有不可估量的积极意义。

4. 精美卓绝的敦煌艺术——彩塑、壁画、书法、乐舞与服饰。敦煌彩塑作为造型艺术，其工艺特点是泥胎彩塑。它在数量上虽并不突出，但千年造像过程所形成的特殊的佛教彩塑历史长廊，则赋予它厚重的历史积淀。彩塑本身注重于形神之中凸显人物个性，如佛像的庄严慈祥、菩萨的温婉娴雅、弟子的虔诚恭谨、金刚的勇武威严，无不栩栩如生，取得极高的艺术成就。

敦煌壁画可谓敦煌石窟和敦煌文化的标志和名片，壁画题材主要可分为佛像画、佛经故事画（包括本生故事、佛传故事、因缘故事）、中国传统神话画、佛教史迹故事、经变画、供养人画像、装饰图案画等。敦煌壁画场面宏大，佛国人间、过去未来、人生百态、因果报应，可以说是包罗万象；壁画绘制积极汲取相应时代最先进的绘画技法和理念，于线条和色彩的腾转挪移中紧扣时代脉搏，深涵经义底蕴，致使壁画作品满壁风动、美不胜收，完整地展示了佛教壁画发展的千年艺术历程，对于考察中国中古时期绘画流派、发展演化轨迹及早期人物画、建筑画、山水画的发展具有重要的意义。

敦煌书法，具有西汉简牍所积累的优秀书法艺术基因。东汉时期，敦煌人张芝本就家学渊源。张芝酷爱书法，刻苦练字，致有"临池学书，池水尽黑"的佳话[12]，虽擅长章草但于实践中省减章草点画、波磔，独创上下牵连、一笔而成更富于变化的新写法——"今草"，被誉为"草圣"，作品被称作"神品"。北朝至宋写卷真、草、隶、篆诸体完备，完整展示了由隶入楷的演化过程。敦煌文献中所藏唐代欧阳询、柳公权拓本，表明敦煌书法始终与时代发展同步并自成一格。著名书法家启功先生虽临

【12】《晋书·卫恒传》，中华书局，1974年，第1065页。

名帖无数，但仍极为看重唐代写卷所展现的书法艺术，自谓："余遂求敦煌石室唐人诸迹而临习玩味，书学有所进，端由于此。"[13]

音乐舞蹈——作为佛国世界极乐净土重要象征的音乐舞蹈资料，几乎窟窟皆有音乐形象、壁壁尽是曼妙舞姿。难得的图像及相关敦煌文献，经十朝历千年，与中国古代音乐舞蹈的发展、成熟相始终，为了解古代音乐舞蹈提供了可靠资料。其所表现的音乐内容，展示了一个从早期对印度、西域风格的模仿，到隋唐以后中国民族音乐逐步形成的历史过程；舞蹈也经历了类似的早期较多印度、西域及北方游牧民族风格，隋唐在融合基础上所成就的题材、类型不断丰富，完成了气势恢宏的民族化新风尚，深刻体现了大唐盛世舞蹈艺术的黄金时代。

体现在敦煌壁画中丰富多彩的服饰艺术形象，成为我们认识古代敦煌服饰文化最丰富的资料库。由北朝、隋到唐各个阶段不同人物的服饰特征的变化和艺术特点，构成了一部中古时代敦煌地区的生动形象的服饰史和服饰艺术演化展。

5. 社会发展的重要杠杆——科学技术。作为外来语的"科学技术"本身，表明光辉灿烂的中国传统文化的一丝尴尬。古代中国传统文化的核心是帝王，他们所看重的是社会秩序和伦理道德的教化，视科学的发明创造为"末技""奇技淫巧"。虽屡有一些天才的科学家不断有伟大的发明创造，但却并不能转化为生产力，直至近代反被西方文化师法并超越。即使如此，总有一些有志者乐此不疲，自觉推动着古代科技的发展。敦煌壁画、文献中的相关资料，真实表现了古代敦煌科技文化的灿烂辉煌。其中《全天星图》充分表明我国天文学成就在当时所处的世界领先水平；其他诸如造纸、印刷、度量衡、建筑、地理、医学以及手工业技术等多方面成就，实实在在地推动着古代社会的物质财富的不断创造和社会的进步发展。

6. 融汇中外精华的多元文化。敦煌，作为海上丝绸之路开通前的国际通都要邑，历史机遇所赐予的多元文化荟萃交融在敦煌石窟和敦煌文献中均得到充分体现，即在中国古代传统文化的基础上，无论物质文化抑或精神文化同时蕴涵着古代印度文明、希腊文明、波斯文明和中亚地区诸多民族的文化基因。因而，敦煌文化的要诣是多种文明交融的结晶。

经过中外学者 100 多年的不倦探索和深入研究，敦煌学在学术上取得了辉煌的成就。首先敦煌文献的分类整理不断深化、细致，为更加深入的研究打下了坚实基础；其次，利用敦煌文献研究推动、解决了许多重大学术课题，如唐史研究以及宗教、西北历史、地理、屯田、文学、文字学等；第三，石窟考古、佛教艺术、图像存储的研究取得巨大进展，尤其是壁画内容的不断识读和深入解析，为进一步的综

【13】 启功：《启功绝句》，生活·读书·新知三联书店，2002年，第36页。

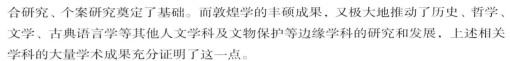

合研究、个案研究奠定了基础。而敦煌学的丰硕成果，又极大地推动了历史、哲学、文学、古典语言学等其他人文学科及文物保护等边缘学科的研究和发展，上述相关学科的大量学术成果充分证明了这一点。

正是由于敦煌文化的博大精深，它不断地给我们以启迪，从而具有强烈的现实意义。它充盈的文化养分，滋养着新的创造。学术研究自不待言，举凡文学、艺术、音乐、舞蹈等等，多有采撷敦煌宝藏精华而进行再创作的成功尝试，其中 1958 年工艺美术家参酌敦煌石窟藻井精华为人民大会堂宴会厅天花板所作的具有唐朝神韵的工艺设计，2008 年北京奥运会火炬的"祥云"图案、福娃中最受欢迎的"火娃"图案，积极吸取敦煌壁画图案画的精华等，均是被公认的极为成功的上乘佳作。从这个角度说，它又是行进中的文化宝藏。

毋庸讳言，也正是由于敦煌文化的博大精深，它的许多未知之谜尚待探索、破解。即以敦煌藏经洞的封闭为例，这一课题自上世纪初斯坦因提出"废弃说"以来，学术界进行了百年探解，虽有"避难说"等新的学术见解与之折冲，但并未能真正解决这一课题，真正正确的答案与其他诸多未知之谜一样，还有待于更多有志于敦煌文化研究的贤能良材的加入和深入研究。这是我们无比期待的！

敦煌文化博大精深，上举纤末唯冀窥斑见豹而已。

第二章 宗教文化

第二章

宗教文化

第一节　佛教

佛教文化，是敦煌宗教文化的主体。佛教产生于公元前 6 世纪的古代印度，由古印度迦毗罗卫国王子乔达摩·悉达多创立。佛的含义就是无上正等正觉，也就是最高觉悟，他所创立的宗教就叫"佛教"。佛教的教义很多，简单的概括就是苦、集、灭、道四圣谛，认为人生一切皆苦，而摆脱苦难的唯一途径就是通过累世修行，达到来世的彼岸。一般认为，佛教传到中国约在公元前后的两汉之际。关于佛教如何传入中国，有"大月氏王使者伊存授经"说，有"明帝感梦遣使求法，白马驮经东来"说，还有"老子出关化胡"说等等，令人扑朔迷离。迄今为止，有确切文献可稽的最早接受佛教的人是东汉的楚王刘英。《后汉书·楚王英》所记汉明帝诏书中言："楚王诵黄老之微言，尚浮屠之仁祠，洁斋三月，与神为誓，何嫌何疑，当有悔吝？其还赎，以助伊蒲塞桑门之盛馔。"[14] 上世纪 90 年代，在敦煌汉代悬泉置遗址出土的一枚约东汉初年的简牍中有这样的记载："少酒薄乐，弟子谭堂再拜请，会月廿三日小浮屠里七门西入。"这枚汉简所表达的历史信息非常明确，说明早在东汉时代，佛教就已经传入敦煌，而且当时的敦煌地区也已经有了佛教寺院。此后，佛教在敦煌的宗教中一直占据着主导地位。三国两晋至十六国时期，佛教在敦煌逐渐扎根，与中国传统的儒家文化、道教文化并存并进，发展成为当地的主要宗教之一。敦煌藏经洞所出前凉升平十二年（公元 368 年）《法句经》写本，以及酒泉、敦煌等地发现的北凉石塔就是反映这一时期敦煌佛教信仰的具体物证。而始凿于前秦建元二年（公元 366 年）的莫高窟，则是敦煌佛教文化发展的最显著标志。

敦煌佛教的发展与兴盛，历代世家大族、甚至皇室贵族是主要推动者。在莫高窟，凡是规模宏大、艺术精美的洞窟多为世家大族所建，且形成一种传统。即往往一家一窟，或一族数窟，或父子相继，甚至祖创孙修的营建传统。据史所载，北凉王室沮渠家族笃信佛教，沮渠蒙逊并以佛教的转轮王自比。他曾在凉州南山建 5 米高的大佛像。北魏太和年间（公元 477–499 年）曾任敦煌镇都大将的穆亮家族笃信佛教，参与了龙门石窟的营造。他赴任敦煌，可能推动了这

【14】《后汉书》，卷四十二，《楚王英传》，中华书局，1965 年。

一时期敦煌佛教的中兴事业。敦煌文书 S.996《杂阿毗昙经》是由摄政的冯太后的哥哥、驸马都尉冯熙于太和三年（公元 479 年）写于洛州。有学者认为，此件写经出现在敦煌，很可能即由冯熙的姻亲穆亮携来。太和十一年（公元 487 年）北魏皇室、广阳王元慧发愿所造的刺绣佛像残片也在莫高窟被发现（图 2-1）。莫高窟唐代第 332 窟《李君莫高窟修佛龛碑》称，莫高窟的开凿，"乐僔、法良发其宗，建平、东阳弘其迹"。北魏末、西魏初，北魏宗室东阳王元荣受命任敦煌瓜州刺史，在任期间，以抄经、开窟为功德。莫高窟第 285 窟建于西魏大统五年（公元 539 年）前后，是敦煌艺术的代表窟之一，据认为很可能就由他牵头集合当时地方大姓豪族所开。建平公于义，北周时任瓜州刺史，有学者认为敦煌北朝时期所开凿的最大洞窟——莫高窟第 428 窟即由于义牵头，联合当地僧俗人物共同捐资营建。莫高窟第 290 窟则被认为很可能是曾任瓜州刺史的李贤的功德窟。李贤乃北周重臣，其与同样崇信佛教的北周皇室宇文氏家庭关系密切。隋代敦煌还有来自宫廷的写经。从唐代开始，世家大族开"功德窟"更为盛行。五代时《腊八燃灯分配窟龛名数》（敦研 0322）中就提到"司徒窟""张都衙窟""大王天公主窟""翟家窟""宋家窟"等。经学界考证，如第 331 窟、第 332 窟和第 148 窟为"李家窟"，第 156窟为"张议潮窟"，第 94 窟为"司徒窟"，第 138 窟为"阴家窟"，第 220 窟和第85 窟为"翟家窟"。张氏一族在莫高窟兴建了第 94 窟、第 156 窟等，还在窟内绘制了巨幅长卷历史人物故事画《张议潮统军出行图》和《宋国夫人出行图》，宣扬显赫的家族荣耀。又如曹议金所开的第 98 窟"大王窟"，面积达 220 平方米，是莫高窟最大的洞窟。内绘十一铺大型经变画，供养人像 251 身。供养人像不仅有窟主曹议金本人及其家人供养像，还绘有前代的张议潮、索勋等人的供养像。再结合该窟窟顶壁画完成时曹议金在所办"祈福"法会上的《河西节度使尚书造大窟功德祈愿文》（P.3781）中的"……我河西节度使尚书贵位，伏原荣高一品，用王母之延龄；位兼五侯，比麻姑之远寿；东开凤阁，□圣主之腹心；西定戎烟，镇龙沙而永固"显示出其欲借此窟彰显"位继正统"和"世代为王一方"的政治意愿。其子曹元忠夫妇所开第 61 窟，以彰显文殊信仰为主旨，同时绘有规模宏大的"五台山图"和内容丰富的"佛传图"，以及多达十一铺的各种大乘经变，真可谓"方丈室内，化尽十方；一窟之中，宛然三界"，显示了曹氏归义军前期承绪唐代佛教遗产并发扬光大的宏大气魄。据《乾德四年重修北大像记》（ch.00207）记，曹元忠夫妇一次就请人书写《大佛名经》17 部，分施给当时沙州治下的 17 所寺院。元代坐镇敦煌的西宁王速来蛮及其家人都是虔诚的佛教徒，曾出资重修皇庆寺（一说即莫高窟第 61 窟及窟前上层殿堂），并出资造作了以梵、汉、藏、西夏、八思巴蒙古文、回鹘文六种文字所刻的六字真言碑（图 2-2）。在世家大族和皇室贵族

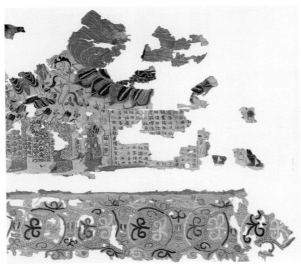

图2-1　敦煌出土北魏刺绣　　　　　　　　　图2-2　六字真言碑（拓片）　元

的带动下，下级官吏和一般世俗民众也热衷于开窟造像。除莫高窟外，在敦煌西千佛洞、肃北五个庙、瓜州榆林窟等，都留下了大量的僧俗各阶层民众开凿的洞窟。

从前述东汉简牍可知，早在东汉时期敦煌就有了寺院。而且，从语境角度看，"小浮屠里"中的"小"是相对于"大"而言的，我们由此推断，东汉时的敦煌还存有规模较大的"大浮屠里"，也即存在着规模大小不一的寺院。西晋时，中国佛教史上著名的高僧和译经大师、号称"敦煌菩萨"的竺法护及其弟子法乘等就曾在敦煌"立寺延学，忘身为道，诲而不倦"。莫高窟唐代第156窟《莫高窟记》中有"晋司空索靖题壁号仙岩寺"之记述，或以为即指莫高窟。十六国时的敦煌，更是寺院林立。对此，《魏书·释老志》也有浓重一笔，"凉州自张轨后，世信佛教。敦煌地接西域，道俗交得其旧式，村坞相属，多有塔寺。"[15]南北朝时，佛教修行的主要方式之一就是造塔立寺。北朝伽蓝之盛，在杨衒之的《洛阳伽蓝记》中备陈极详。南朝伽蓝，从唐代杜牧著名的"南朝四百八十寺，多少楼台烟雨中"的诗句中也可窥知一二。同样，北朝时期的敦煌寺院数量和规模也很可观，仅敦煌北朝写经题记中出现的就有法海寺、昌梨寺、建文寺、龙华寺、平南寺、普济寺、城门寺、陶兰寺、永晕寺等。隋代的敦煌佛教也大放光彩。隋文帝仁寿年间曾三次下令天下113州建造舍利塔，其中仁寿元年（公元601年）诏令在全国30州立塔，朝廷分遣名僧大德送舍利入塔供奉。瓜州也在崇教寺（莫高窟）起塔。敦煌文书P.3720《莫高窟记》中有关"开皇中僧善喜造讲堂"的记载表明，隋代的敦煌已经有了专门讲经的讲堂。唐

【15】《魏书·释老志》，中华书局，1974年，第3032页。

代，敦煌一地的寺院规模进一步扩大，数量增至18寺。其中僧寺有龙兴寺、乾元寺、开元寺、永安寺、金光明寺、灵图寺、三界寺、净土寺、报恩寺、大云寺等寺；尼寺有大乘寺、普光寺、灵修寺、安国寺和圣光寺。晚唐至五代时期，除了已有的龙兴寺、永安寺、大云寺等11所僧寺和5所尼寺外，还有一些规模不大的寺院如法门寺、圣王寺、永兴禅院、妙高圣严寺、圣寿寺、观音庵等。北宋至元、清，还有如广化寺、端严寺、乾明寺、文殊舍利塔寺、皇庆寺、雷音寺、大佛寺等。除官方佛寺外，敦煌还有一些分布于乡、坊、巷及私家的小型佛寺和安置佛像的场所，它们被时人称为"兰若"或"佛堂"，如周家兰若、安清子兰若、索家兰若、周鼎佛堂、张家佛堂、城南佛堂等等。随着寺院的不断增多，出家的僧尼人数日渐增多。据统计，吐蕃占领敦煌后的公元800年前后，敦煌的僧尼人数发展至406人，其中僧197人、尼209人。至归义军时期，僧尼人数又继续增至1000人以上。

译经、写经也是敦煌佛教的重要内容之一，是人们最主要的功德活动。早在西晋时期，竺法护及其弟子就在敦煌译经。他们在敦煌相继翻译了《修行道地经》《阿维越遮致经》（晋言《不退转法轮经》）及《正法华经》等。其时自西域携经来华的各色人等，于敦煌或暂驻足或定居；敦煌聚集了大量来自印度、西域的沙门、居士，竺法护译经时与他们参校切磋；本地的大量汉族居民则相互"劝助"，共襄译经盛事。沮渠蒙逊的从弟沮渠京声也在敦煌始译《弥勒上生经》等经典，后于建康完成。据史籍载，这一时期，许多高僧大德都曾在河西、敦煌地区从事译经和传法活动，包括敦煌在内的河西地区是这一时期中国北方佛教译经中心之一。如高僧鸠摩罗什曾在姑臧生活了16年，其间传法收徒，学习汉语。北凉高僧昙无谶与河西沙门道朗等人合作，先后译出包括40卷本的《大般涅槃经》等佛经14部，而其中多部是在敦煌译出的。

大乘佛教认为书写佛经、受持读诵、解说传播，有无量无边的功德，这在《金刚经》《法华经》《药师经》《地藏经》和《维摩诘经》等经中都有明确宣示。在敦煌藏经洞出土的文献中，百分之九十以上是写经，而其中僧俗信徒为做功德而抄写或出资请人抄写的供养经又占了相当大的比例，少部分是寺院通过乞经或流通而来。在供养经的末尾，很多供养者写上了他们抄经目的和愿望等。如书道博物馆藏《观世音经》写经题记为北魏孝昌三年（公元527年）东阳王元荣虔从尹波所写，其中有如下内容：

> 清信士佛弟子尹波，实由宿福不勤，触多屯难。虔从主人东阳王殿下，届临瓜土。瞩遭离乱，灾夭横发。长蛇竞炽，万里含毒。致使信表罕隔，以径年纪。寻幽寄矜，唯凭圣趣。辄兴微愿，写《观世音经》四十卷，施诸寺读诵。愿使二圣慈明，永延福祚。九域早清，兵车息钾。戎马散于茂苑，干戈辍为农用。

文德盈朝，哲士溢阙。铿铿锵锵，隆于上日。君道清明，忠臣累叶。八表宇宙，终齐一轨。愿东阳王殿下，体质康休，洞略云表。年寿无穷，永齐竹柏。保境安蕃，更无虞寇。皇途寻开，早还京国。敷畅神讯（机），位升宰辅。所愿称心，事皆如意。合家眷大小，亲表内外，参佐家客，感（咸）同斯佑。又愿一切众生，皆离苦得乐。弟子私眷，沾蒙此福。愿愿从心，所求如意。大魏孝昌三年岁次丁未四月癸巳朔八日庚子，佛弟子假冠军将军乐城县开国伯尹波敬写。[16]

在这里，写经的这些愿望被明确地表达出来了。

随着抄经的盛行，各式各样的抄写佛经也就应运而生。敦煌很早就有了专门的写经生、校经人和相对完备的译经、抄经程序。在敦煌写经尾题中常见到有写经生、校经人的姓名。如日本大谷探险队所获西凉建初年号的《妙法莲华卷一》，题记曰："比丘弘僧强写。第一，建初七年岁庚辛亥七月廿一日，比丘弘施、惠度、兴达，共劝助校一遍。时劝助磨墨，贤者张佛生。经名妙法，兴达所供养。"又如写于5世纪的S.4492《大智度论第五十七卷》校经记所记"一校已 进业"。而写于北魏永平四年（公元511年）的S.1427《成实论》卷十四"敦煌镇官经生题记"（图2-3）则明确地展示了写经人、校经人和典经师的姓名：

成实论卷第十四。经生曹法寿所写，用纸廿五张。永平四年岁次辛卯七月廿五日，敦煌镇官经生曹法寿所写论成讫。典经师令狐崇哲，校经道人惠显。

图2-3 写经《成实论》题记 北魏

除了寺院专门从事写经事业外，敦煌的世家大族也出资抄写佛经。北魏晚期开始统治敦煌的元魏宗室东阳王元荣十分崇信佛教。元荣一家的崇佛热情，首先表现在狂热的出资抄经、写经上。如现藏于日本的元荣于北魏永安三年（公元530年）出资所写《仁王般若经》写经题记载："……敬造《仁王般若经》三百部，一百部仰为梵天王，一百部仰为帝释天，一百部仰为毗沙门天王等。"又如元荣于北魏普泰二年（公元532年）出资所写《大智度论》尾题记："……敬造无量寿经一百部，卌卷为毗沙门天王、卅部为帝释天王、

【16】引自池田温《中国古代写本识语集录》，东京大学东洋文化研究所，1990年，第114页。

卅部为梵释天王。造摩诃衍一百卷，卅卷为毗沙门天王、卅卷为帝释天王、卅卷为梵释天王。内律一部五十卷，一分为毗沙门天王、一分为帝释天王、一分为梵释天王。贤愚一部为毗沙门天王。观佛三昧一部为帝释天王。大云一部为梵释天王。"隋至唐前期（初唐、盛唐），敦煌佛教到了顶峰。敦煌藏经洞还发现了数件隋代宫廷写经。如开皇八年秦王妃所造《思益经》（S.4020）、开皇九年皇后所造《大楼炭经》（S.2154）等经。吐蕃统治敦煌时期，藏族僧人和译经师前往当时已成为佛教文化中心之一的敦煌，开展佛经的翻译和讲学活动，其中代表人物是 8 、9 世纪之间活跃于河西、敦煌地区，深受当地僧界推崇的吐蕃僧法成。如法成由汉译藏的《金光明最胜王经》《解深密经疏》《楞伽阿波多罗宝经》《善恶因果经》《贤愚经》等，由藏译汉的《般若心经》《诸星母陀罗尼经》《萨婆多宗五事论》等。另有法成讲、弟子谈迅、福慧、法镜等人笔受的《瑜伽师地论讲议录》等。法成利用藏汉两种文字进行翻译、著述、讲授等实践活动，加速了吐蕃佛教与汉地佛教的融合。除了法成之外，吐蕃时期对敦煌佛教有过重要影响的人物还有昙旷、摩诃衍、洪辩、悟真等。其中昙旷及其所撰的《大乘二十二问本》对吐蕃佛教影响很大，摩诃衍曾在吐蕃与来自印度的僧人进行过大辩论，洪辩是吐蕃及归义军时期一位非常重要的僧人，他因领导敦煌僧侣集团参与张议潮起事，成为河西收复后的第一位河西都僧统。莫高窟现今第 17 窟（即藏经洞）原为洪辩影窟，正壁上就绘有洪辩画像。归义军时期敦煌的写经事业尤盛。据统计，敦煌藏经洞几乎保存有这一时期每一年的写经。曹氏家族接掌归义军政权后，敦煌佛教得以发展；但是相比前代，对于佛教义理的研习和佛教经典的传抄则大不如前，整个曹氏统治的 100 年间，除了三界寺的一位道真和尚外，史籍和藏经洞文献罕见其他有影响的佛教人物出现和活动。再加上由于与中原的交通经常不通，当地寺院所需要的佛经得不到正常听供，所以不得不收集、整理和修补前代遗留下来的古旧佛经再行利用，同时向中原乞经。敦煌藏经洞文献中还保存有沙州佛教界写给中原王朝的乞经状。

　　敦煌藏经洞的佛教文献是敦煌佛教文化曾经兴盛的直接证据，也是我们认识和研究敦煌佛教的最珍贵宝藏。在敦煌藏经洞出土的约 5 万多件文书中，约95% 以上都是佛教文献。这些佛教文献的价值主要体现在以下四个方面。首先在校勘学方面。这些佛经，卷帙浩大，内容繁多，有经、律、论三藏与经疏、经释等传世的佛教文献，涉及北朝至隋唐时期中国大乘佛教的各个主要思想宗派，如净土、华严、天台、唯识、禅宗、律宗以及密宗等。据统计，中原流行的几大经典如《大般若经》《金刚经》《法华经》《维摩诘经》《金光明经》等在敦煌藏经中的编号都在 1000 个以上，说明敦煌佛教与中原佛教保持了相当的一致性 [17]。虽然不能构成一部完整的经藏，

【17】 荣新江：《敦煌学十八讲》，北京大学出版社，2002年，第248页。

但隋唐时期主要的经典都有发现。因为藏经洞的佛教文献大多数是唐及以前，它们大多是由僧俗信徒为做功德而手工抄写的，其中还有部分出自宫廷和官方写经，它们在书写和传抄时经专业写经生抄写后，又经寺院高僧反复校对，无论内容还是书写格式都极少有错谬之处。而现在传世的刻印本佛典大多是宋代及以后出现的，如宋、元时代的《碛沙藏》《开宝藏》《高丽藏》，以及上世纪初的《大正藏》等。由于历代翻刻，它们在内容上都存在不同程度的错漏和差异之处，在排版和印刷上也都有一些错误，因此，敦煌佛教文献对于校勘后代的这些刻印本就显得十分重要。其次，敦煌文献中还有不见于中国传世佛教典藏的敦煌独有的孤本，弥补了传世经典的空白，有助于对佛教宗派的认识。以禅宗和净土宗史料为例，在敦煌禅宗典籍发现之前，人们主要通过唐宗密《禅源诸诠集都序》传世本等来了解禅宗的禅法与修行方法。本世纪敦煌藏经洞发现以后，中外学者从中发现大量禅宗文献，不仅发现早期《六祖坛经》（敦煌本《坛经》）和南宗慧能弟子神会（公元 684－758 年）与北宗辩论的《菩提达摩南宗定是非论》等语录，也发现不少早已在社会上湮没无闻的禅宗北宗文献。这为研究中国早期禅宗历史，提供了极为珍贵的资料。如敦煌本《坛经》被认为是现存最早的《坛经》写本，它形成于唐代中期，基本保留了中国禅宗原始的思想内容和语言形式。从目前散存世界各地的敦煌遗书看，敦煌本《坛经》尚存 5 个写本。敦煌本虽只有 12400 余字，但由于其比较接近原貌，所以是研究以慧能为中心的初期禅宗的重要资料，对研究中国禅宗历史、慧能及其思想有重大价值。此外，在敦煌文献中还有大量表现禅宗信仰的歌辞，既有表现南宗禅的，也有表现北宗禅的，有的则融合二者。这些禅宗文献，都反映了敦煌地区禅宗的历史发展状况。饶宗颐据此指出，8 世纪末在沙州滞留的神会弟子摩诃衍所讲的"大乘顿悟"说，本质上就是融合南北宗而成的。此外，敦煌博物馆藏敦煌写卷的禅籍也表现出南北二宗调和的倾向。再如，敦煌文献中有关西方阿弥陀佛信仰的资料十分丰富。这些写经既有西方净土经典，也有非净土系的经典。其中保存了反映唐代法照（公元 747–821 年）所创立的"净土五会念佛"法门的《净土五会念佛诵经观行仪》（《广本》）和《净土五会念佛略法事仪赞》（《略本》）约 60 件，这些重要的经典在中国传世经籍中早已散佚，唯日本保存有其中的《略本》，被认为很可能是中晚唐时期来中国的日本天台宗的创始人之一的僧人圆照（公元 793–864 年）带回去的。通过敦煌保留的这些文献，人们不仅可以了解唐代中国净土宗与天台宗合流的历史，而且还对中国"净土五会念佛"法门对日本天台宗的形成发展及净土信仰所产生的影响有了更加明确的认识。除了禅宗、净土宗文献外，敦煌佛教写经中还保存了其他不见于传世佛典的佛教文献。据统计，敦煌遗书中反映"五道轮回"和地狱信仰《十王经》汉文写本至少有 32 件，另有西夏文本、回鹘文本。其中失译名《地藏菩萨经》，敦煌文献中有 20 余件，传世经藏未收。据统计，敦煌遗书中保存的 35 种与《法华经》有关的注疏等文献，其中只有 2 种有传世本。在其余的 33 种中，《大正藏》第 85 卷已收入 5 种，《藏外佛教文献》发表 1 种，其余 27 种均未整理[18]。第三，敦煌佛教文献的价值，还体现在对一些已经不见于正典所载，但历史上确曾存在过的佛教宗派的再认识方面，如对三阶教的再认识。三阶教由信行禅师所创，认为佛法经历"正法"、"像法"和"末法"三个时期，而现今所处乃"末法"时期。该教曾流行于 6 世纪后半期的北方地区，在敦煌也有信众。但由于该教否定现世的教义，被视为对统治政权有威胁，在历史上曾经屡遭查禁，最后在中国消失。但敦煌文献中仍保存下了一批三阶教的经典。据日本学者矢吹庆辉统计，共约 19 部 30 多件，内容涉及三阶教的历史、祖师传记及教义与修行等内容，对我们复原三阶教在历史上的流传和信仰状况具有重要的参考价值。第四，敦煌佛教文献发现的大量的所谓疑伪经，是认识中国民众世俗佛教和佛教中国化的历史的最直接的资料。敦煌写经中，还有许多产生于中国本土的佛教撰述，被视为与从印度传来的所谓正统的佛教教义不符，即所谓的"疑伪经"。这些"疑伪经"实际上反映了印度佛教被中国人接受、改造并加以创新的真实历史，是佛教中国化的产物。在敦煌文书中还有多件伪经《妙法莲华经·马鸣菩萨品三十》。其中一件 P.3008 号很可能作于西晋时期的北方地区，其中就提到"……其行恶者，帝释天承书关下地狱。阎罗大一即遣地狱五官，减寿夺算，名名射死"。该经之撰者之所以附在《妙法莲华经》之后而伪托，很可能正是因为《法华经》中的"佛身久远"、"佛寿久远"的思想与当时佛教信仰中追求"延年益寿"的现世功利思想在某种程度上引起了信众的共鸣所致。其他的如《金刚经讲经文》《佛说佛名经》《天地八阳神咒经》等。

敦煌佛教写经中也夹杂着道教的元素的影响。如敦煌文书 S.6024 是竺法护所译《舍头谏太子二十八宿经》抄本，也受到神仙思想的影响。在北凉石塔的马氏塔、高善穆塔等佛教文物上刻有道教的八卦图像。敦煌莫高窟西魏第 249 窟、第 285 窟等窟壁画中出现了伏羲、女娲、东王公、西王母，以及风伯、雨师、雷公、劈电等道教的神灵、瑞兽形象。现藏于日本书道博物馆的东阳王元荣写于北魏永安三年（公元 530 年）的《仁王波若经》尾题中也祈愿"上等菩萨、下齐彭祖"。这些都表明，佛教信仰常常与道家信仰交织在一起。

敦煌写经中，除了手写经外，在敦煌莫高窟藏经洞及周边还发现有雕版印制佛经。其中唐咸通九年（公元 868 年）的《金刚经》，是目前世界上发现的最早的雕版印刷佛经。宋、西夏时期雕版佛经多有流通，除了汉文印刷佛经外，还有

【18】方广锠：《敦煌遗书中的妙法莲华经及有关文献》，《中华佛学学报》，第 10 期，1997 年。

西夏文佛经印刷品。其中莫高窟元代喇嘛塔发现的一件木刻纸本印刷的图解西夏文佛《观音经》，页面长 20 厘米、宽 9 厘米，经文分上下两栏，上栏为插图，下栏为西夏文字的经文，扉页有双面通栏印刷的水月观音像。墨迹均匀、印刷清晰，十分珍贵。

在敦煌佛教的历史中，各种法会贯穿始终。早在南北朝时期，汉地佛教礼佛法会已经形成一定的规模。现存敦煌遗书中的大统三年（公元 537 年）令狐恢保书《东都发愿文》（P.2189），与保存在《广弘明集》中的梁简文《唱导文》一道可以证明至少在梁武帝时代，大江南北已经举行规模浩大的法会。与抄写于北朝时期的 BD07746（北 8361 号、始 46）包括《礼无量寿佛求生彼国文》、《六根忏》和《礼弥勒愿文》一样，抄写于西魏大统十一年（公元 545 年）的敦煌文书 S.4494 号内容还包括《方广经典忏悔文》《请观音咒》《除疫毒陀罗尼咒》《除睡眠陀罗尼》《观世音菩萨陀罗尼》《咒眼陀罗尼》《法华咒》《药王菩萨咒》《刘师礼文》《受八关斋文》《施食咒愿文》等内容。唐代归义军时期还盛行十二月结坛转经法会，为时五天四夜。不仅在归义军衙府内设坛，同时也在城的四面八方设坛，规模非常宏大。法会的中心目的是为帝王行道，为节度使及家庭眷属、衙府文武官员祈福。在法会中，节度使还要代表官方向道场和转经僧人布施。唐后期五代宋初，敦煌地区经常举行水则道场。举办水则道场的中心目的也是祈福，一是为国家和君王祈福，二是为阖境获福禳灾。春秋官斋是敦煌众多法事活动中最为引人注目的。敦煌最高长官节度使不仅年年出席斋会，还向斋会布施财物。敦煌壁画中有不少表现斋僧的场面。在官斋法会中，还有重要的度僧仪式。晚唐五代宋，敦煌地区的转经活动也非常兴盛，每逢佛教节日和一些重大的佛事活动，都要设置道场，举办法会，并请僧人转经。由于转经活动盛行，敦煌文献中还有专门的转经录或转经历。一些高僧大德在为普通僧尼和下层百姓讲经时，为使听众明白佛经教义，他们并不完全按照佛经原文的顺序，而是增加故事性、趣味性，运用散韵相间、有说有唱的方式讲解经义。这是一种相对于僧讲的讲经形式，称为俗讲。

除了法会，敦煌每年都有许多形式多样的民间斋会，每逢佛教节日都要举办隆重的斋会。如农历正月十五日的燃灯节、二月八日的行像日、四月三日的佛诞日、四月初八的佛浴日、七月十五日的盂兰盆节等。这些斋会的举办方有寺院、有社邑，而更多的则是个人。斋主希望通过设置道场、请僧人转经等佛事活动来为生人祈福，或为亡人追福。在众多民间斋会中，尤以"七七斋"最具特色。按照《佛说十王经》的说法，"亡人"在冥间最初每隔七日要过一王，过一王犹如过一关，所以其家属和亲人（生人）要按照"七七斋"的顺序，努力做斋，这样"亡人"才有可能免遭冥间业报之苦,"不住中阴四十九日"。鉴于此,民间非常重视"七七斋"法会。一般来说,每逢斋期都要举办隆重的法会活动,活动的主要仪程有帖请僧凡、设置道场、做法会、吃斋食等。敦煌文献中大量的请僧疏和"七七斋"疏文就反映了这一习俗。

敦煌的佛教结社,始于北朝时期,流行于唐、五代时期。每个社都有专门的社规,对社的宗旨、活动内容、社人的权利与义务、不遵社条的罚则、入社出社的办法等作出明确规定。社邑的活动内容主要分为两类,一类是从事佛教活动,如建窟、修寺、斋会、写经、燃灯、行像等。另一类是从事经济和生活的互助,最主要的是营办丧葬,有的还兼社人婚嫁、立庄造舍的操办襄助等。因而也就产生了名目繁多的社邑名称,如兄弟社、亲情社、行像社、燃灯社、修窟社等。除了佛事活动,社邑的主要活动内容之一就是互助营葬济贫、资助丧葬。如写于唐大中九年(公元855年)的敦煌文书 P.3544《社条新约》中就规定:"敦煌一郡,礼义之乡……三为先亡父母,迫凶就吉,共结良缘。"有的社条中还明确了社人资助的具体实物及数量,并针对违反者制订了相应的罚则。如乾宁三年(公元896年)《社司转帖》就明记:"右缘李再兴身亡,合赠送,人各物两匹、饼三十。帖至,限今月十日辰时于兰舍门前取齐。捉二人后到,罚酒壹角;全不来者,罚酒半瓮。"(P.3070Vb)

敦煌的释门节日也很多,主要的有正月十五日燃灯节、二月八日行像日、四月八日浴佛节、七月十五日盂兰盆节。

正月十五日燃灯,出自中国传统的节日——上元日。最早起源于汉代祭祀太一神的节日。祭祀时祠内要燃灯,正月十五日上元节要举行大型的燃灯活动。唐天宝年间起,在每年的正月十四、十五、十六日开坊市燃灯。在敦煌,每年的正月十五日也举行大型的燃灯活动,时人记曰"初入三春,新逢十五。灯笼火树,争燃九陌之时;舞席歌筵,(大)启千金之夜"(P.2631),也反映了上元之夜的盛况。在唐代,正月十五日燃灯已成为重要的佛事活动,敦煌亦然,全州僧侣都要参加。敦煌文献中还保存有这一时期燃灯供佛时所用的"燃灯文"。如 P.3405《正月十五窟上供养》,记录了信众在莫高窟诸窟燃灯、烧香供养诸佛的盛况:

> 三元之首,必然灯以求恩;正旦三长,盖缘幡之佳节。宕泉千窟,是罗汉之指踪;危岭三峰,实圣人之遗迹。所以敦煌归敬,道俗倾心。年驰妙供于仙岩,大设馨香于万室。振虹钟于笋簹,声彻三天;灯广车轮,照谷中之万树。

文中的"宕泉"即莫高窟前的宕泉,俗称大泉河。"危岭三峰"指莫高窟对面的三危山。"仙岩"是当时对莫高窟的美称。莫高窟初唐第220窟北壁《药师经变》就有表现燃灯的场面。(图2-4)。

图2-4　燃灯　莫高窟第220窟北壁　初唐

二月八日是佛教认为的释迦牟尼出家成道之日。在中国，每年这一天佛教信众都要举行隆重的行像活动以示纪念。所谓"行像"，就是奉佛像而游行的活动。敦煌的行像场面极为壮观。队伍前有金刚力士导引，后有高大的佛像群。与中原不同的是，敦煌的佛像并不是车载，而是由社人擎举，中间有欢快热闹的音乐歌舞。行像结束后，僧俗又赶赴二月八日的道场法会。法会以讲经为主。法会中，人们还向都司和寺院布施。

四月八日浴佛节是为纪念佛祖释迦牟尼的诞生。佛教关于释迦牟尼的出生日期有二月八日和四月八日两种说法，敦煌的寺院采用后一说。这一天，敦煌的所有寺院都要举行转经大会。由于转经活动盛行，敦煌文献中还有专门的转经录或转经历。在转读的诸经典中，以《大般若经》最为流行。同时，僧俗民众还要到寺院、石窟寺等佛教场所上香供佛。敦煌莫高窟残留了大量清代刻写的游人题记，多集中于四月八日或其前后，反映出敦煌民众对此节日的重视。

七月十五日的盂兰盆节既是重要的佛事活动，也是重要的民俗节日。它脱胎于《盂兰盆经》中目连冥间救母的故事，要在七月十五日这一天广造斋饭超度亡人，后来演化成设斋供养佛、法、僧三宝及乞讨者。敦煌非常重视盂兰盆节。每逢盂兰盆节，都司与管内诸寺都要设置道场，供盆设斋，众僧尼念佛诵经，为亡灵超度追福。而七月十七日是破盆日，所谓"破盆"就是供养僧众的食盆。这一天，僧尼可饮酒作乐。在盂兰盆节期间，僧俗又通过雕刻或绘画佛像、抄写佛经等活动来为亡人追福或发愿祈佑。

佛教依戒禁肉戒酒，但吐蕃至五代时期，敦煌佛教世俗化加深，敦煌僧尼普遍饮酒，这从藏经洞发现的敦煌寺院的数十件账册中就明确反映出来。仅以S.6452（3）《壬午年（公元982年）净土寺常住库酒破历》中的相关记载为例："廿二［日］，酒贰斗，又沽酒粟四斗，指口、孔目、僧正三人、老宿、法律等吃用"、"廿五日，酒壹斗，大张僧正东窟来，迎用"、"十六日，酒壹斗，就店二和尚吃用"、"廿九日，酒壹斗，宋僧正就店吃用"、"五月一日，酒壹斗，张僧正、李校（教）授就店吃用"、"十九日，酒五升，周僧正、李僧正就店吃用"、"八日，酒壹斗，李僧正、张僧正、高僧正、索法律等就院吃用"、"三月四日，寒食酒壹瓮"、"酒壹斗，大张僧正东窟来，迎用"、"十一月一日，李僧正铺暖房酒壹斗"。从中可见，敦煌僧人在寺内寺外、节庆应酬、迎来送往活动中广泛饮酒。这也是这一时期敦煌佛教的一大特色，被认为是受到了吐蕃僧人和粟特僧人的影响。

第二节　道教

　　道教是土生土长的中国宗教，是在传统的道家神仙方术和黄老思想的基础上形成的。一般认为，道教初步形成于东汉时期的中原地区，至三国两晋时才真正建立起完整的信仰体系。道教的信仰体系由神仙系统、斋醮仪范、符箓方术、养生延寿和道门戒律几部分组成。虽然相比佛教，反映道教在敦煌地区的传播的资料较少，但通过现存史料，我们仍可窥知道教在敦煌传播历史之一角。

　　由敦煌汉简中出现的"卒郭彭祖"等道教用语，一般认为东汉时期，道教已经传入敦煌并开始流行。敦煌文书S.1889《敦煌氾氏人物传》中记氾孚即"精黄老术"，又如P.2625《敦煌名族志》中记索宣"清灵洁净，好黄老，沉深笃学"，说明最晚在三国、西晋时期，道教已经在敦煌传播了。十六国时期及以后，道教影响仍盛。在敦煌三危山下的东晋时期墓葬中的五谷罐上还发现有"青鸟子诏令"和"急急如律令"等反映道教升仙思想的铭文。敦煌和周边地区如嘉峪关、酒泉等地的同时期墓葬中有大量的道教祥瑞动物和青龙、白虎、朱雀、玄武等道教的四方神形象。初、盛唐之际，大力推崇道教，从中央到地方，设立了不同级别的专门机构推动道教信仰。如中央政府设崇玄署，京城设崇玄学，地方设有道教，并置玄学博士。举国上下的崇道政策，也影响到敦煌。据P.2005《沙州都督府图经》所载，唐朝初年，敦煌就已经有了土地、风伯、雨师等神祠。随着道士人数的增多，敦煌的道观规模也进一步扩大，主要的道观有神泉观、灵图观、冲虚观、开元观、龙兴观和紫极宫等。在古代敦煌，每年都要举办各种道教斋醮活动。这些活动目的各异，有为亡父母和已故家人设斋的，也有为入宅、造宅设斋的，甚至还有婚礼斋会等等。敦煌文书中保存有《道家为皇帝祝愿文》《道家为皇帝皇后祈福文》《灵宝金灵斋仪》等道教斋会祈愿文。据S.5448《敦煌录》记载，隋开皇十九年，道士皇甫德琮等七人在敦煌西北256里的乌山峰举行过祭醮活动。唐代道教因李唐王室的推崇而得以兴盛。敦煌藏经洞的道教文书多写于唐前期即是明证。吐蕃占领敦煌后，打击和压制与唐王室有"亲缘"关系的道教，道教抄经活动和大型的斋醮活动均被禁止，但敦煌道教仍然在相对隐秘的状态下继续传承。这一时期的许多佛教发愿文和造窟功德记中仍然闪显着道教信仰的影子。归义军时期，敦煌道教得以中兴。这一点，从大量写于这一时期的糅合佛、儒、道信仰的占卜、宅经、符箓类敦煌文书中也反映出来。在抄于张氏归义军时期的《沙州都督府图经》中，仍可见前述道教神祠及社稷坛的存在。而道教的一些节日、斋醮活动，也渐与当地传统民俗节庆、祭祀活动混合，成为敦煌岁时文化的一部分了。金山国时期，张承奉更推崇道教。西夏以至元代，道教文化仍然在人们的日常生活中有一定影响。至清代，道教与佛教界限不分。其中一个著名的例子就是藏经洞的发现者王圆箓本人就是一个道士，但却在莫高窟这样一个佛教场所大主其事。这本身就说明清代在敦煌人的精神生活中，佛道的界限其实不是很明显了。

在敦煌藏经洞文书中，已经发现有超过 500 件道教文书。其中最早的写于北朝时期，如 S.6825《老子道德经注》、P.3602《庄子释文》、P.2683《瑞应图》，但绝大多数写于唐代。如作为

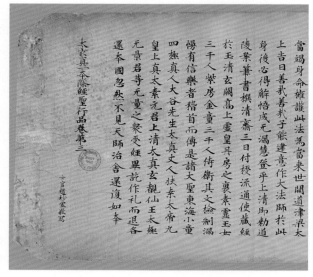

图2-5　敦煌写本《太玄真一本际经》（P.2170）

道教根本经典的《老子道德经》，在敦煌不仅有大量的抄本，而且发现了至少 6 种注疏，其中的《老子想尔注》和《义疏》并不见于传世道藏中。《老子想尔注》被学界认为反映了东汉末五斗米道的信仰内容，对我们认识早期道教十分重要。敦煌道教写卷中还保存有多种卷本的道教佚经《老子化胡经》及相关写本，是今天研究道教历史和佛道相争历史的重要材料。隋唐之际，敦煌道教继续发展，据统计，在藏经洞出土的道教文书，大多写于这一时期，如 S.2295《老子变化经》、P.2416《上洞玄灵宝智慧上品大戒》《本际经》等经，其中《本际经》（图 2-5）多达 140 多件，居敦煌道教文献之首。

第三节　祆教、摩尼教、景教

（一）祆教

除了上述中国本土的道教，传自印度并渐中国化的佛教外，在敦煌历史上还存在着其他外来宗教如祆教、摩尼教、景教和伊斯兰教等，它们也是敦煌宗教文化的重要组成部分。祆教，即伊朗文化系统的由古代波斯人琐罗亚斯德创立的宗教，一般认为产生于公元前 6 世纪至前 5 世纪。该教主张一神教和善恶二元论，认为宇宙最高神为阿胡拉·玛兹达。因其崇拜圣火，古代中国人又叫它拜火教、火祆教。波斯萨珊王朝时该教被立为波斯国教，并渐流行于西亚、中亚。1907 年

斯坦因在敦煌长城烽燧发现了一批西晋时期的粟特文古信札，由此可推断，最晚在 4 世纪初粟特商人已定居敦煌。这些定居敦煌的粟特人同时也将祆教带入了敦煌。敦煌文献中未发现有祆教的经典。据写于唐前期的敦煌文书 P.2005《沙州都督府图经》所载，唐代在敦煌城东 1 里的地方建了一所祆祠，祆祠里面开有 20 个龛，每个龛中都绘有祆神："祆神，右在州东一里，立舍，画神主。总有廿龛。其院周回一百步。"大约是在吐蕃占领敦煌后，由于敦煌以粟特人等胡人聚落为主的从化乡被撤销，大批胡人他奔，祆教受到削弱。归义军时期，重修祆祠，祆教又兴，但此时的祆教，已经开始与当地民俗相融合了。

敦煌每年都有多次赛祆活动。赛祆是敦煌祆教特有的祭祀活动，有祈福、酒宴、歌舞、游行等环节和内容。在现藏于法国的敦煌文书 P.4518 上绘有两身祆教女神图（图 2-6），一身手中持蛇蝎，一身手中捧盘，盘中为一犬。这两身女神分别为祆教的善、恶之神。此幅图上至今留存的用于悬挂的带子表明，它很可能就是用于

图2-6　藏经洞出土祆教女神像　英国图书馆藏

赛祆之用的。更有趣的是，在三月三日和立夏日也赛祆。相传农历三月三日是黄帝的诞辰日，魏晋以后，上巳节改为三月三日，后代沿袭，遂成汉族水边饮宴、郊外游春的民俗节日。立夏日既是节气，也是古代民间祈愿丰收的重要民俗节日。在这两个中国传统节日赛祆，反映出祆教与本地民俗的融合。归义军时期的官府记账文书中常有"赛祆"二字。如敦煌文书 P.4640 记载有己未年间至辛酉年间（公元899–901 年）沙州归义军衙内纸张的使用和支出情况，其中庚申年（公元 900 年）一年多次记有"支与赛祆画纸叁拾张"、"支赛祆画纸叁拾张"、"又赛祆画纸叁拾张"。又如敦煌研究院藏《酒账》中记有"十日、城东祆赛神酒两瓮"等等。这些都表明，赛祆活动得到了官方的支持。写于晚唐时期的敦煌文书 P.3870《敦煌廿咏》中有《安城祆咏》，诗云："板筑安城日，神祠与此兴。一州祈景祚，万类仰休征。苹藻采无乏，精灵若有凭。更看零祭处，朝夕酒如渑。"零祭是一种古老的祈雨祭礼，年年举行。在祆祠内行零祭，这说明敦煌祆祠在 8 世纪中叶已参与官府祈雨的祭祀。除了夏季参与零祭，敦煌祆教还参与冬季除夕的大傩礼。大傩礼是一种化装流行赶鬼驱役的活动，由官府主持祭礼。敦煌文书 P.2569《儿郎伟》中的"今夜驱傩队仗，部领安城大祆"之句表明，敦煌粟特人奉祀的"安城大祆"也成为地方官府礼祭中的神祇。这些具有深厚汉文化色彩的歌颂祆神的汉文诗歌也表明，虽然此时敦煌的祆神还保留着祆神的名称，但其实已经完全同中国的礼仪以及民间信仰相融合了。

（二）摩尼教

摩尼教于公元 3 世纪由波斯人摩尼所创，其核心思想为"善恶二元论"，基本教义为"二宗三际论"，认为世界分为光明和黑暗两界王国，两界以初、中、后作为时间轴转换交替，而摩尼教则能超度人们的灵魂，使之早日摆脱黑暗，回到光明。该教具有严密的教团组织和严格的教规。一般认为该教于公元 6、7 世纪间传入中国，曾在唐代流行。唐会昌五年（公元 845 年）遭禁后，其信众上层逐渐道教化和佛教化，下层则转向民间秘密结社。至明代初年该教仍在活动，但已经明显中国化了，故后期多被称为明教。该教曾被高昌、瓜沙地区的回鹘人广泛信仰。其传入敦煌的时间已无考，但据成书于 10 世纪的波斯文著作《世界境域志》中关于沙州的相关记载可知，至迟在归义军时期，敦煌就有居民信奉摩尼教了："Khaju（瓜州），为一大城，其中部分居民经商。其政府由中国委派。其居民信奉摩尼教。"[19] 敦煌藏经洞发现了三种汉文的摩尼教经典：《摩尼光佛教法仪略》，它是唐代开元年间摩尼教法师奉唐玄宗之命撰写的解释性文献，内容包括摩尼教的起源、教义、论著和教团组织等；《摩尼教残经》，阐发摩尼教关于明、暗二性并存于人类自身的教义；《下部赞》，是中国摩

【19】转引自杨富学、牛汝极《沙州回鹘及其文献》，甘肃文化出版社，1995年。

尼教徒举行仪式时的赞美诗，在现存各种文字的摩尼教赞美诗中内容最为完整、丰富。

（三）景教

景教，即古代基督教的一支——聂斯托利派。该派由叙利亚人聂斯托利创立于公元5世纪前半叶。该派不崇拜圣母玛利亚，并认为主耶稣有神、人两位格。该派曾被正统基督教视为异端，教徒被流放。唐初贞观九年（公元635年），该教传教士阿罗本等人到达长安传教并建立景教寺院，这在"大秦景教流行中国碑"中有明确记载。唐会昌五年，该教亦被禁，其后在中原渐失踪迹。在敦煌莫高窟藏经洞发现有一幅唐代的景教人物画像，该画像的头冠上有景教的十字架，胸前有景教的十字纹，同时还发现了景教经典，有：《大秦景教三威蒙度赞》，乃教会举行仪式时唱颂圣父、圣子和圣灵的赞美诗；《尊经》，乃中国景教徒礼拜时所用的位牌，经后另有附录，介绍景教经典的数量及其汉译情况；《志玄安乐经》，宣讲景教"无欲无为无德无证"的教义和训则，有深厚的道教和佛教色彩。

在莫高窟北区还出土了元代的叙利亚文《旧约圣经》和铜十字架（图2-7）。《马可·波罗游记》中也提到沙州的古代基督教中的聂斯托利派："走完这三十日路程的荒原后，便到达一个叫作沙州的城市。它隶属于大汗的统治，是唐古多省的一部分，人民是偶像崇拜者。他们中有土库曼人，少数是聂斯脱利教派和回教徒。"[20] 由此记载推测，唐代至元代，敦煌曾有景教信徒，并很可能存在景教寺院。

图2-7 莫高窟北区发现的景教铜十字架

---

[20]《马可·波罗游记》第1卷：从小亚美尼亚到大汗上都有沿途各地的见闻录。

第三章 社会生活

第一节　学术与教育

敦煌的学术与教育是紧密结合在一起的。敦煌学术兴盛，主要体现在对传统儒家经典的研究、阐释和撰修地方史志、研习史书方面。据学者统计，南宋确定的儒家十三经，除《周礼》《礼仪》和《春秋公羊传》和南宋增入的《孟子》外，其他诸经写本在敦煌藏经洞皆有发现，《孝经》和《论语》发现最多。早在十六国时期就有地方志的纂修，如刘昞的《敦煌实录》二十卷、《凉书》十卷、《略记》八十卷等。唐代至五代时期的《敦煌氾氏家传》《敦煌名族志》《瓜沙古事系年》等都很有学术价值。地理志方面，如《贞元十道录》写本、《诸道地名山河要略》《敦煌录》《寿昌县地境》《沙州图经》《西州图经》，以及行记类《大唐西域记》《慧超往五天竺国传》《西天路竟》《诸山圣迹志》《往五台山记》等体现了敦煌地区地理学的发展与唐五代发展趋势基本一致。

敦煌自汉晋时期就有重视教育的传统。官学教育是敦煌教育最重要的组成部分，所谓"学在官府"。据现代学者研究，敦煌设立学校，大概是从西汉设郡之后开始的。至东汉时，学校教育已经非常兴盛。如东汉末年名将张奂在敦煌养徒千人，著《尚书记难》30余万言。他的儿子张芝是我国书法史上以草书著称的著名人物，时称"草圣"。西晋时以文学和书法闻名于时的索靖，与当时的"硕德名儒"氾衷、张阆、索紾、索永等号称"敦煌五龙"。十六国时期的前凉统治者张轨十分重视学校教育，并初步建立起教育制度。如《晋书·张轨传》中所记："（张轨）征九郡胄子五百人，立学校，始置崇文祭酒，位视别驾，春秋行乡射之礼。"西凉国时期，敦煌还建有"靖恭堂"，堂内图画圣帝、明王、忠臣、孝子、烈士、贞女，还兴建泮宫（学校），有"高门学生五百人"。唐前期沙州设有州学，沙州所属的敦煌县、寿昌县设有县学，州、县之学均设有博士、助教等学官。敦煌文书P.2005《沙州都督府图经》中就有沙州官学设置的具体记载："州学，右在城内，在州（衙）西三百步。其学院内，东厢有先圣太师庙堂，堂内有素（塑）先圣及先师颜子之像。春秋二时奠祭。县学，右在州学西连院。其院中，东厢有先圣太师庙堂，内有素（塑）先圣及先师颜子之像。春秋二时奠祭。"吐蕃统治时期，取消了官学，敦煌的官学教育一度陷于停滞。晚唐

敦煌文化探微

时期，敦煌全面恢复了唐前期的州学、县学等官学，设置了州学博士，还设置了地方最高学官"检校国子祭酒"。晚唐时期，敦煌设置了伎术院，职掌归义军的典礼祭祀、占卜阴阳、天文历法等职能，并兼为培养礼仪、阴阳、历法、占卜方面人才的教学机构。此后一直到五代、宋初均存在。

寺学也是敦煌教育的一大特色。寺学就是寺院主办的学校，其目的原本是为了弘扬佛法，培养佛教弟子。唐代大的寺院均设有教授经、律、论的"三学院"，除了教授经、律、论外，也教授儒学、算学等。在敦煌文献中屡见"沙州释门三学都法律"、"三学教授"、"释门义学都法师"之类僧人学官。吐蕃统治敦煌时期，寺学也面向世俗士人，成为传播教育和文化的主要的教育机构。不少豪门大族的子弟也在寺学就读，如张议潮少年时代就曾在寺学读书，其师之一即中唐吐蕃时期著名的唯识学高僧法成。晚唐时期，敦煌的寺学得到进一步发展，先后出现了莲台寺学、净土寺学、金光明寺学等10所寺学，形成了与官学并存的局面。曾任归义军节度使的曹元深也曾在三戒寺寺学读书。敦煌壁画中也可看到学堂图，如晚唐第12窟东壁画出一院落，中央有殿堂，堂前坐着教师，一学生正向老师施礼，两侧回廊里有学生在学习的场景（图3-1）。

图3-1　学堂图　莫高窟第12窟东壁　晚唐

除了官学和寺学，敦煌的私学教育也很流行。私学即民间兴办的各种学校，有乡学、坊学、社学等名目，还有很多私学就以主办人命名。从敦煌文献中可知，晚唐有郎义君学、李家学、张球学、就家学、白侍郎学、氾孔目学、孔目官学、安参谋学等私学。

敦煌藏经洞发现的文献中，保存了不少与儿童启蒙教育相关的蒙书，大体可分为三类：以识字为主要目的的识字类教材、了解日常生活基本知识的教材和灌输处世立身的儒家基本伦理道德的修身类教材。如敦煌文书 P.2647 正面是《大乘无量寿宗要经》，背面就抄有《千字文》的部分内容，反映了唐五代敦煌儿童抄写单字的情形，被认为很可能是一件未完成的学生抄写的作业。

清代恢复对嘉峪关以西地区的经营后，于 1760 年在敦煌设县，县设"儒学署"，专事教育。时任知县曾希礼重视教育，倡导学校教育。他带领地方乡绅捐资，先后在县城东、西、南、北四处各修建一所义学，在城东北兴建鸣沙书院，纳贤收徒，传道解惑。为了资助本地学生赴陕西参加乡试，他还创办了膏火基金。其后的几任知县，均以兴办教育、奖掖后进为要务。特别是道光年间任职敦煌的苏履吉，不仅扩建义学，整修鸣沙书院，还组织人手重修了《敦煌县志》（即今道光县志四卷本）。特别是清代的敦煌教育思想主张经世致用，反对死读书。这一教育思想，在曾为皇族子弟授课、时任敦煌鸣沙书院主讲的雷起瀛先生的诗中就反映了出来："学问无今古，诗书励永图。云程虽发轫，文誉耻吹竽。道贵能深造，功防废半途。穷经期致用，慎勿作迂儒。"[21] 这对当时的教育来讲，无疑具有现实意义。清末废除科举，兴办学校，原鸣沙书院改为高等小学堂，敦煌的私塾、义学、学堂并存。

第二节　体育

古代把戏剧、体育、杂技等项目统称为"百戏"，敦煌壁画中描绘的具有现代体育属性的运动项目有射箭、摔跤、相扑、游泳、跳水、举重、棋弈、投掷、马术、马球、击剑，以及健身养生类的对弈、气功、武术和杂技玩耍、智力游戏等项目，内容几乎涵盖现代体育的各个门类。这些都可以从敦煌壁画和敦煌文献中保存的相关画面和史料看出，以下结合敦煌壁画和文献举出数例。

汉唐时期，上至王侯将相，下至平民百姓，都热衷于骑射、马球等马术娱乐活动。马术运动，在敦煌壁画中也有表现。与马相关的运动有马球和马技（马术）、骑射。马球，历史悠久，是中国古代盛极一时的竞技运动项目。马球也是敦煌体育项目之

【21】 雷起瀛遗稿《慎守斋诗集》（抄本），转引自《敦煌简史》，第143页，敦煌市对外文化交流协会，1990年。

一。在敦煌藏经洞发现有唐代描述古代打马球的场景和技艺的歌辞《杖前飞·马毬》的诗句："时仲春，草木新，初雨后，路无尘。……闲闷结伴游球场，传中手执白玉鞭，都史乘骑紫骝马。青一队，红一队，柯皆玲珑得人爱，前回断当不盈输，此度若输没须赛。脱绯紫，著锦衣，银镫金鞍耀日辉，场里尘飞马后去，空中球杖便前飞。球似星，杖如月，骤马随风直冲穴……人衣湿，马汗流，传声相问且须休，或为马乏人力尽，还须连夜结残筹……"从歌辞来看，比赛的激烈性和观赏性都很强。在第 61 窟绘有长幅佛传屏风画，中绘有六幅表现马伎（马术）的场景。画面上有的骑手直立马背，手举铁排板或双弓，任马疾驰如飞而始终平衡自若，有的表演马肚藏身附身捡物、马背翻跟斗、燕式马上单腿站立等一连串惊险的动作。

摔跤是敦煌体育的传统项目，亦称"相扑"、"角力"。在敦煌壁画里，也保留了大量的中国古代的摔跤场景的图像资料。北周第 290 窟窟顶壁画佛传故事中出现了摔跤图，表现悉达多太子与诸王子比武的场面（图 3-2）。这些以摔跤为内容的画面，反映了敦煌民间摔跤运动的兴盛。如第 61 窟佛传故事画中的"相扑"画面上，两名头扎发髻、下穿兜裆的对手正在一块方形地毯上一决胜负，将摔跤、相扑比赛中讲求技巧和战术形象地表现出来，故有学者称其描摹了一场类似于现代摔跤竞技的场面。

举重也是敦煌体育中倍受欢迎的项目。在敦煌壁画中表现举重的画面，多是单手擎举，双手挺举。在第 61 窟西壁佛传故事屏风画中，先后画有单手举钟、举火盆和站在飞奔的马上举铁排的画面。虽然这些都是为表现佛经中的故事情节所绘，但应该是以现实生活为蓝本的。

"叠罗汉"是兼有显示力量之美和技巧之美的运动，深受人们喜爱。敦煌壁画中有多幅画面。如初唐时期第 220 窟南壁所绘的《阿弥陀经变》中，一上着红色半臂、下着绿色短裤的童子正悠然自得地站在一身着竖条形背带裤的童子的双肩上，没有一丝紧张感，显示出其"叠罗汉"技巧已十分熟练。盛唐时期第 217 窟北壁所绘的《观无量寿经变》的"叠罗汉"画面上，一名童子以手撑地，弓身跪在地上，旁边一名童子正踩在他的背上，还有一名童子

图3-2　相扑图　莫高窟第290窟窟顶　北周

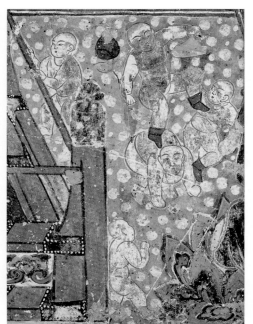

图3-3　叠罗汉　莫高窟第217窟北壁　盛唐

似在做着保护动作（图3-3）。

剑术也是敦煌传统的体育项目。在莫高窟第61窟西壁佛传屏风画中就有表现剑术的画面。舞剑者扭转、舞动身体，动作刚劲有力，手、身、剑浑然一体。据研究者称，画面上的动作与以行势为主单手、双手剑法兼有的中国传统的"绨袍剑"中的"金针指南"和"御身柱刺"相仿，是研究我国古代剑法的珍贵资料。敦煌体育中还有将剑术与舞蹈相结合而形成的一种具有阳刚之气的剑舞。藏经洞也发现有描写古代剑舞的诗《剑器词》（S.6537）："排备白旗舞，先自有由来。合如花焰秀，散若电光开。喊声天地裂，腾踏山岳摧。剑器呈多少，浑脱向前来。"这些画面和史料，是研究我国古代剑术与舞蹈结合的技艺发展过程的珍贵资料。

此外，敦煌体育中还有一些中国传统的健身养生、益智娱乐的传统体育活动，它们一般是伴随大型的祭祀庙会，或是岁时节庆活动时举行表演，深受民众的喜爱。这在敦煌壁画中也有大量的表现，如表现气功、武术、顶竿、杂耍、杂技和博弈等活动的画面，特别是顶竿画面有多幅表现，其中第156窟北壁《宋国夫人出行图》中"橦伎"图最有代表性。画面上，一身着半臂、脚蹬乌靴的人物头顶长竿，竿的顶端有一横木，竿上有四位少年正在做表演。最上面两名儿童，或用只手吊于横木上，或作倒挂姿，以双脚攀横木，双臂平伸，或只用双腿攀竿，动作十分惊险、刺激。这些画面既惊险又富于娱乐性，可以说是当时敦煌民间杂技表演的真实写照。

博弈，即"博戏"和"对弈"的统称。前者主要包括六博、骰戏、双陆、骨牌等，后者主要包括围棋、象棋等。作为一种重要的娱乐形式，博弈很早就进入了中国古代娱乐的行列。在古代敦煌，博弈之戏不仅受一般的市井阶层的欢迎，更是文人雅士们娱乐、交往的形式之一。敦煌壁画中有多处表现古代博弈的画面。如第159窟东壁就绘有"掷骰子"的场景。画面上，四身戴幞头的人物围坐在一张大大的方形案几边上，正神情专注地玩掷骰子游戏，一旁还有一妇人观战。桌上放着的三粒骰子清晰可见。除了壁画外，敦煌遗书中还发现了现今世界上记载中国最古老棋艺的棋谱——《棋经》（S.5574）。据研究，这份棋经的抄写年代大致在

敦煌文化探微

图3-4　弈棋图　莫高窟第454窟　宋

距今约1500年前的北周时期。它不但提供了以往文献中从未提到过的围棋原理、原则、战略技术、棋法规则和术语，以及早已失传的围棋古图谱的记载和围棋史料，还证实了早在1500余年前，中国围棋理论已达到较高的水平。莫高窟第454窟东壁门上所绘《维摩诘经变》中的对弈图上，描绘两人对坐，正手执棋子，全神贯注在棋局上。与之相反，画的右侧的维摩诘则神定气闲地坐于一旁，一手执麈尾，一手前屈于胸前，似正在点评棋局。令人称奇的是，甚至连案几上棋盘的格子都清楚无误地画出来了（图3-4）。

第三节　衣食住行

（一）服饰

敦煌壁画中不同时代的人物服饰，历来备受学界关注。各时期壁画中的供养人画像的衣着打扮，真实地再现了当时不同身份人物的服装，构成了公元4世纪至14世纪十分完备的形象的服饰史。北朝时期北方鲜卑等民族多穿袴褶，上衣有紧身、窄袖、束腰的特点，下体着裤，穿高统靴，以便于骑马（图3-5）。在莫高窟第275窟、第285窟等窟的供养人像上，可以看到着袴褶的人物。而在北魏晚期和西魏的壁画中同样也可看到着深衣大袍的人物（图3-6），表明在北魏孝文帝改革以后，少数民族采用汉式服装的情况。而汉代以来的汉式长袍也在发生改变，北魏晚期到隋代

图3-5 穿袴褶的鲜卑人 莫 图3-6 穿汉式服装的供养人 莫高窟第288窟 西魏
高窟第285窟北壁 西魏

所见的圆领长袍，就是吸收了胡服的特点而改造的男子袍服，这样的圆领袍在隋唐时代成为了常服。隋唐以来流行男子头裹幞头，最初是以敷巾包住头发，而在前后扎住。这种形式的幞头在初唐时期把前部的两脚变小，而后部的两脚加长。此后又经过改革，前低后高，后部垂两脚，幞头形成了固定的形式，并在全国推广。从初唐到晚唐，幞头的两脚逐步加长，由敷巾包头逐步改为像帽子一样直接扣在头上。晚唐出现了硬脚幞头，五代时期沿袭了硬脚幞头的形式，宋代则将幞头的两翼改细加长，称为展脚幞头。敦煌壁画以真实的形象展示了过去仅能从文献推测的幞头演变过程。

　　妇女服饰方面，如隋及初唐女子服装上身紧窄，下身着间色裙，下裾曳地，还流行帔帛。唐前期妇女着窄衫小袖和半臂成为时尚。贵族妇女在正式场合多着袖口较宽的大袖襦，如莫高窟第130窟的《都督夫人礼佛图》中，夫人头梳抛家髻，着碧罗花衫，袖大尺余，外套绛地花半臂，穿红裙、云头履，披白罗花帔，一派雍容富贵的风度。跟随其后的女十三娘，头戴凤冠，斜插步摇，面饰花钿，着半臂衫裙，小头鞋履（图3-7）。北朝妇女多留长鬓，脸贴花钿。而唐代妇女的化妆则更加丰富多样，如以朱粉涂面称做"红妆"。唐代妇女画眉之风很流行，初、盛唐时期流行画长眉，称为娥眉，盛唐及以后流行画短眉。唐代妇女的发式也十分讲究，唐前期多高髻，高髻又分高耸如椎的椎髻与侧向一面的半翻髻等。开元天宝之后流行抛家髻，脸两侧的头发垂下形成两鬓包面的形式，上部的头发则向上做成一定的造型，如椎形、花形等。晚唐五代时期，妇女头上插簪、插梳子等装饰物愈来愈流行。五

图3-7　都督夫人礼佛图（段文杰临摹）　莫高窟第130窟　盛唐

代以后，妇女头上的装饰更加复杂，面部贴花的形式也丰富多样。如第98窟、第61窟的女供养人就是代表，第98窟回鹘公主头饰除了插簪外，还分别戴回鹘族的桃形冠和凤冠等，又有步摇为饰，无比华丽。

　　敦煌壁画中还可看到古代少数民族人物的服饰，除了北朝时期的鲜卑族外，中唐时期出现了吐蕃人物形象，如第159窟的吐蕃赞普头戴朝霞冠，身披大翻领的藏袍。北宋末期，回鹘势力在敦煌一带强大起来，壁画中出现了不少回鹘人供养像，如第409窟有回鹘王及王妃形象，回鹘王戴桃形高冠，身着团龙花纹的圆领窄袖袍，腰系蹀躞带。回鹘王妃则头戴桃形凤冠，耳坠大耳环，身着大翻领的窄袖长袍，是典型的回鹘服装。公元11世纪西夏统治敦煌以后，壁画中也留下了西夏党项族的服装。如榆林窟第29窟西夏武官的供养像，人物头戴云缕冠，身着圆领窄袖袍，腰间有护脾，束带，穿乌皮靴。小孩形象是头顶秃发，也与文献记载相符。元代壁画中有蒙古族人物的形象，如榆林窟第6窟明窗壁画中有4铺供养人像，均为男女二人对坐床上的形式，应为夫妇二人供养像。男子头戴宝冠，垂辫髻，穿比肩、交领窄袖长袍，着靴。女子头戴顾姑冠，身着交领窄袖长袍（图3-8）。

图3-8　蒙古族供养人像　榆林窟第6窟明窗西壁　元

总之，敦煌壁画不仅展示了中古时期汉民族服装演变的历史，而且保存了古代西北多个民族的珍贵服饰资料，可称为中国服装史资料的宝库。

（二）饮食

敦煌以面食为主，主要的食品有胡饼、馎饦、蒸饼、馓子等。古人将凡是用面做成的食物均称为"饼"。敦煌饼类食物的名称有近30种之多，如胡饼、饦饼、炉饼、馒头、蒸饼、烧饼等。这些饼大部分用麦面做成，少部分用粟面或糜面做成。在《俗务要名林》（P.2609）中记载有各种蔬菜名和佐料名，如苜蓿、莴苣、茄子、韭菜、萝卜、蒜、葱、葫芦、姜、兰香等。其中大部分产自本地，也有一些产自外地。

敦煌壁画中的饮食图，大致有三种：婚礼宴饮图、酒肆图、斋僧图。这三种应该说均是比较隆重的饮食场面，更能显示人们所遵从的饮食礼仪。宴饮场合根据不同的规模和性质，叫做"局"（或"局席"）、"筵"、"顿"、"设"、"看"等等。由于敦煌地区居民是由多民族组成，决定了敦煌饮食文化的多元形态。我们从敦煌文献中看到很多胡食，其中以"胡饼"为代表。白居易《寄胡麻饼与杨万州》一诗中对"胡饼"作过形象的描述："胡麻饼样学京都，面脆油香新出炉。"日本入唐求法的高僧圆仁也在他的《入唐求法巡礼行记》中记载了胡饼在中国很流行："时行胡饼,俗家亦然。"胡饼口味好，制作简单，便于携带，易于保存，因此敦煌从一般居民到出家僧众，都食用胡饼。

"葡萄美酒夜光杯，欲饮琵琶马上催"、"劝君更尽一杯酒，西出阳关无故人"。隋唐诗人的崇胡风气、边塞情节，总是与酒结缘。敦煌酒的品种非常多，除了本地的酒外，还有来自西域的胡酒、葡萄酒等。敦煌的酒馆、酒肆店近30家，从地方军政首领到各国、各地来敦煌的使节，从走卒贩夫到佛门僧人，甚至连尼姑都是酒店的常客。酒令在敦煌也十分盛行。唐代著名边塞诗人岑参从军途中路过敦煌，亲见敦煌酒宴上行酒令之一"藏钩"后作诗《敦煌太守后庭歌》，其中就有"城头月出星满天，曲房置酒张锦筵。美人红妆色正鲜，侧垂高髻插金钿。醉坐藏钩红烛前，不知钩在若个边"之句。除藏钩外，主要的酒令形式还有抽筹、喧拳、巡酒等。

（三）居住

古代敦煌地区是一个多民族居住区，除了主体民族汉族之外，还有其他民族长期在此居住、生活，因此出现了各种风格的建筑。同时，特别是经济、文化、商业和宗教的多元化，也影响着敦煌居民的居住格局。

敦煌故城始建于汉代，一直沿用到清代，即现在的"敦煌郡古城"，它位于今敦煌城西的党河西岸。清雍正三年（公元1725年），因洪水冲坏城东垣，当地军民又在城东隔河另筑新城，大体即现在的敦煌市区所在的位置。据《敦煌县志》，新城"周围三里三分，开东、西、南三门"，后因人口增加，又增筑关城，开四门，周转五里五分。城区设二十四巷，城镇分东、南、北三关。从前述东汉简中的"小浮屠里"可推知，早在东汉时敦煌城里就已经有了"里、坊"的区划。敦煌壁画中，对城垣、街道、宫殿建筑、平民院落，以及城市布局等都有描绘。敦煌壁画的《华严经变》表现莲华藏世界的画面上，一朵盛开的大莲华内，概括地画出一座城市，里面街道纵横交错，棋格式的布局表示了从汉代到唐代一直沿用的城市布局单元"里坊"（图3-9），这其实也在一定程度上反映了敦煌的城市里坊规划和布局。特别是隋唐时期的敦煌城内，坊巷纵横，寺院林立，兰若和佛堂星罗棋布，州学、县学、医学齐全，驿馆完备。同时还有许多纪念性的建筑物，在城市里按一定的方位，分布着祭坛、祠堂、学校以及里坊、市、行、街道，当然还有大量的民居。在宗教信仰盛行的时代，城市中还有佛教寺院与道教的道观，以及祆教、景教、摩尼教等宗教的庙宇。敦煌壁画中还表现了大量的民居画面，一所住宅由若干主要建筑物如殿堂、厅舍、楼阁等和附属建筑物如厢、廊庑、院门、围墙等组成，建筑中间留有庭院。如《法华经变》"穷子喻"中表现长者的"大宅"时，就绘有庭、院、正堂、厢房、后院、回廊、马厩、甚至草庵等民居建筑（图3-10）。室内陈设有床、榻、几、条桌、屏风、障扇等家用器具。除了民居建筑外，也有体现城市不同功能的店铺、酒肆、客店、医舍、学堂、寺庙、祠堂以至青楼、草庵、监舍等建筑。

图3-9 华严城（里坊） 莫高窟第85窟北披 晚唐

图3-10 宅院 莫高
窟第98窟南壁 五代

第四节　商业

作为丝绸之路上的贸易和商业都市，敦煌的商业文化也很兴盛。这里客商云集，东来西往；店铺林立，商品丰富。有专门的行市划分，专门设有市壁师来管理；为当地居民和过往旅客生产、日常生活和文化生活服务的各种手工业也得到了蓬勃发展，使敦煌的商业经济呈现出兴旺发达的面貌。敦煌文书 P.3211《王梵志诗》描写敦煌商铺时说："兴生市郭儿，从头市内坐，例有百余千，火下三五个。行行皆有铺，铺里有杂货。"敦煌文书 P.3648《驱傩文》称："皱店章店，匝于城市；饽行秸行，溢于鄽肆。布一丈而列蔓，绢三尺而达利。"生动地勾画出一幅繁荣的敦煌贸易市场画。作为一个商镇，唐代敦煌有繁华的各类行市如金银行、木行和商铺，诸如金银行、玉坊、纸店、笔店、鞋店、肉铺、酒店、杂货铺、加工粮食的碨户、加工油料的梁户等等。敦煌文献记载了数量众多的各种手工业工匠。归义军时还设立专门管理工匠的机构——作坊司。敦煌文献中发现有大量商业类文书如买卖契约、典当文书等，反映了敦煌商业文化中的契约精神。同时，还出现了可称为我国历史上现存最早的商业广告的叫卖吆喝辞。如 P.3644 写卷中两首别致有趣的唐代杂货铺叫卖辞，其中一条为"某乙铺上新卖货，要者相问不须过。市关交易任平章，买物之人但且坐"，第二条为"某乙铺上有：橘皮胡桃瓤（瓢），栀子高良姜，陆路诃黎勒，大腹及槟榔。亦有荜萝荜拨，芜荑大黄；油麻椒粒，河藕弗香；甜甘枣，醋石榴；绢帽子，罗幞头；白矾皂矾，紫草苏方；沙糖吃时牙齿美，饴糖咬时舌头甜"，语言生动有趣。

敦煌文献有不少反映商业活动和纠纷的文书。这些文书，其实也反映了敦煌商业文化的一个重要特征——契约精神。如《塑匠都料赵僧子典儿契》是一份私人间订立的契约文书，内容为塑匠赵僧子因缺少劳作工具，将自己儿子苟子典给亲家，有典直价数麦二十硕、粟二十硕，典后双方的保证条件，最后有典人苟子、父亲赵僧子和知情人画押。

第五节　民俗

（一）婚姻

敦煌婚姻以聘娶婚和入夫婚最为流行，而又以聘娶婚为最主要的类型。唐时期，"依媒妁之请，承父母之命，以财礼相聘，依礼序成婚"的聘娶婚是最主要的婚姻模式。这种婚姻重视门第关系，讲究"门当户对"，即所谓"女聘高门上姓，男为六州参君"。其礼俗也与中原、内地一样，基本采用"六礼"——纳采、问名、纳吉、纳征、请日、亲迎。纳采，相当于现在的提亲；问名，就是经对方同意，求得女方的名号和生辰八字；纳吉，就是男方占卜问卦，看女方名字和生辰八字是否和男方相冲相克，是否吉利等；纳征，就是男方带着聘礼到女方家中定下婚约，相当于现在的定婚；请日，就是男方经卜卦选定迎娶的吉日，通知女方并征求女方的同意；亲迎，就是新郎于选定的吉日前往女方家迎娶新妇，举行婚礼。敦煌文献中集中反映唐代敦煌婚俗的《张敖书仪》将敦煌地区的婚礼过程归纳为通婚、成礼两大阶段，其中又以纳征和亲迎为主。纳征即男女双方正式确认婚事成立，男方并正式向女方家送上包括大雁、羊、酒等六种财礼，作为婚事的信物，以象征婚姻合法、男女双方对彼此忠贞不渝。但也有不看重财礼的，如敦煌 P.3266《王梵志诗》中就有"有女欲嫁婆，不用绝高门。但得身超后，钱财总莫论"。亲迎即婚期之日，男方须往女方家迎娶新娘。这一过程最为隆重，其中还有许多必要的程式和活动，如黄昏亲迎、行障车之戏、共入青庐、拜堂成礼、宴请宾客、乐舞助兴、奠雁成婚、同牢合卺等。上述几种形式的婚礼，在敦煌壁画和敦煌文书中均有反映。如莫高窟第85、第445、第113窟表现了新郎迎娶新娘到男家举行婚礼，其程序有黄昏亲迎、宴请宾客、乐舞助兴、拜堂行礼（或跪拜或站立）、奠雁之仪、共入青庐、同牢合卺；莫高窟第12、第33窟表现男就女家成婚，行入夫婚礼，即"男拜女揖行礼"，或称"男拜女不拜"。拜堂时新郎匍匐于地，或双膝跪地叩头；新娘则站立一旁，双手于胸前合十作揖（图3-11）。

图3-11 婚礼图 莫高窟第12窟南壁 晚唐

敦煌婚礼中也流行"摄盛"习俗，即在婚礼中人们可以打破一贯森严的封建等级和礼制界限，有所僭越。如男子可虚抬自己的身份、官位，可乘五马之车，可头戴冕旒；女子可凤冠霞帔，满头插花钗等。在敦煌文献《下女夫词》中，女方故意向新郎发问：何方君子？何处英才？因何来到？新郎作答时则自称是出自"赤县名家"的"长安君子"，"出身进士，选取得刺史"，"窈窕淑女，君子好逑"。这种摄盛习俗还体现在新郎、新娘的服饰上。

异族通婚也是敦煌婚姻文化的一大特色。敦煌文书 P.13636《杂抄》中有"慈到郡，处平割中，无有阿党。胡女嫁汉，汉女嫁胡，两家为亲，更不相夺"。说的是三国仓慈任敦煌太守时胡汉通婚的情况。自汉以来，敦煌就是多民族杂居的地方，不同民族的人们在长期相处、共同生活的过程中，不断加强交流和相互了解，以致于打破民族和国家的界限，相互通婚。因此，异族婚姻也成为敦煌地区婚姻关系的一大特色。如榆林窟第 38 窟西壁的婚礼图左侧搭一帐篷，分别着回鹘装和汉装的男女来宾围桌而坐；帐篷外正前方的围幔内，新人正在行礼。新郎头戴幞头，着汉式袍服，正在弯腰行礼，旁边站立着头戴桃形冠、项饰瑟瑟珠的回鹘新娘，他们前方还有两只大雁。画面生动地反映了汉族与回鹘族之间通婚的场景。有学者认为，唐代敦煌甚至还存在"胡化的婚姻形态"。所谓"胡化婚姻"，就是古代北方少数民族"父死而妻后母，兄死而妻"的婚姻形态。因为唐时的敦煌，南接吐蕃、吐谷浑、羌，北抵突厥、回纥，西为西域各国，还时不时被占领。但敦煌毕竟是一个以汉人为主体的社会，即便出现这种胡化婚姻状态，只能归结于不同文化习俗的交流和冲击。

在隋唐敦煌婚姻生活中，离婚是一个无可避免的事实存在。而围绕离婚的各种行事也颇具地方色彩和人文情怀，也是当时敦煌婚姻文化中十分重要的一个侧面。敦煌文书 P.3730V 是唐宋时期敦煌的"放妻书"，亦即离婚书。内容是这样的："盖以伉俪情深，夫妇义重。……三年有怨，则来作仇隙。今已不和，想是前世怨家。反目生嫌，作为后代增嫉。缘业不遂，见此分离，集会二亲，夫与妻……具名书之。……相隔之后，更选重官双职之夫，弄影庭前，美逞琴瑟合韵之态。……伏愿娘子千秋万岁。时次某年某月日。"夫妻虽然因感情不合而离婚，但并没有恶言相向，反而表达出对往昔夫妻恩爱生活的怀念，以及祝愿对方未来婚姻美好。在另一份《夫妻相别书》中表达得更为直接："自别已（以）后，愿妻再嫁富贵得高夫，某不再侵凌论理。一似如鱼得水，任自波游。马如浮岗任山丘（P.3212V）。"这些语句，不仅体现出隋唐时期敦煌离婚行事中充满人文情怀的一面，也从一个侧面反映出妇女应得的尊重。

（二）丧葬

敦煌文献和壁画中保存了丰富的敦煌地区丧葬习俗的资料和画面，它们形象地再现了敦煌丧葬文化的诸多方面。古代敦煌的丧葬习俗不仅反映了中国传统的孝道思想、灵魂升天思想，还反映了佛教的轮回报应思想、来世思想等，是一种综合了儒家传统和佛教信仰观念的丧葬文化和习俗。

敦煌本地的丧葬习俗，主要体现在埋葬形式和埋葬礼仪两大方面。敦煌主要的葬式有土葬、火葬两种，另外还有窟葬及老人入墓葬。埋葬方式是对死者尸体的处理方式的统称。埋葬礼仪是对围绕埋葬死者之事的一系列行事及其方式的统称。敦煌文献和壁画中保存了有关隋唐时期敦煌地区丧葬习俗的资料和画面，它们准确记载和形象再现了那个时期敦煌城市丧葬文化的诸多方面。土葬，一般是将死者入殓棺木中，葬于地下后起坟茔作为标记。土葬是中国古代传统葬式，也是敦煌地区一般世俗人士最基本的葬式。隋唐时期，人们多将死者埋在地势较高、土质干燥的沙州城外的沙碛下。火葬，是以火焚烧尸体的一种葬式。先是将尸体入殓于棺木中，然后在棺木下积薪焚烧、火化。在梵语中称为"荼毗"，也是印度的一种主要葬式之一。敦煌的火葬主要流行于当地少数民族、佛教徒和火祆教徒等非华夏传统信仰的宗教信徒间。这种葬式，在出土文献、出土实物和壁画中均有反映。壁画中反映火葬场面的主要见于表现释迦牟尼佛涅槃后"荼毗"时"焚棺"的画面中。隋代第 420 窟窟顶北披表现"焚棺"图的画面上，金棺正燃起熊熊大火，周围有数身世俗装人物，正在手舞足蹈。而第 148 窟西壁的"焚棺"场面则最为宏大，是在地面上搭建一座样式华丽的高台，再将灵柩安放其上，点燃熊熊大火。四周围绕着送葬的人们。虽然这两例表现的都是佛陀"荼毗"的场面，但画面表现上则处处反映了现实生活中的火葬场景。窟葬，是指将死者或死者的骨灰安放或埋于专门开凿的洞窟内的一种葬式，又称瘗窟葬，这主要是佛教徒的一种葬俗。在莫高窟北区石窟群中有约 25 个瘗窟，多为唐代前期所凿，最大不过 10 平方米，最小仅 3 平方米；其中专为死者所凿的约 15 个，窟顶至地面不足 1 米。从考古发现看，窟葬不仅有单身葬，还有双人葬，甚至于多人合葬，其中有男有女。这表明，当时选择窟葬的不仅仅是僧人，还有世俗男女。老人入墓葬是一种比较特殊的丧葬方式，指老人在活着的时候即自行或由家人送至坟茔等待终亡，这其实是与古代生圹之俗相融合的产物。敦煌壁画中有许多表现老人入墓葬式的画面。如榆林窟第 25 窟北壁所绘的老人入墓场景上，老人头戴网眼额巾，身着圆领白袍服，手拄拐杖，安坐于墓穴内的床榻上（图 3-12）。墓门外，众亲人正与老人诀别，其中一妇女一只手与老人相握，另一只手正拿方巾擦拭眼泪。墓穴前，一头梳双环髻的孙辈正伏地跪拜。这种"生离别"式的埋葬方式看似与中国传统的伦理观念、孝道思想相悖，但敦煌地区发掘的 10 多座无棺木痕迹的唐墓和莫高窟北区至今保存的部分瘗窟证明，老人

敦煌文化探微

图3-12　老人入墓　榆林窟第25窟北壁　中唐

入墓之俗并非想象中的东西，而是真实存在于当时的现实生活之中。

　　葬仪较重要的程序有举哀、设灵筵、小殓、大殓、出殡、路祭以及奔丧、吊丧、祭后土、买地券、七七斋、三年斋等。举哀是敦煌丧葬礼仪中一种基本的活动。举哀的场景，在敦煌唐代壁画也多有表现。如第158窟北壁所绘"举哀图"中，举哀者既有佛弟子，又有世俗的人物。弟子们或痛苦号啼，或捶足顿胸，甚至晕厥。而世俗人物，则以西域、中亚各国人物的形象出现，或以刀画面，或割耳割鼻，甚至于剖腹剖胸，以各式各样极端的行为，表达着极度的悲痛。这种画面，并不是夸张的艺术表现，而是当时西域各国丧葬习俗的形象化。剪发、黥面、割耳、以血洒地等皆是中亚、西域各国父母、国王去世后表达哀痛的方式。据《资治通鉴》等史书

记载，唐太宗去世后，来京城朝贡的西域各国数百人皆以这种方式表达他们的悲痛心情。隋唐时的敦煌，汇居了西域、中亚的各国使臣、商人以及常住移民，其本国的举哀方式，很可能也随着他们的来华而传入敦煌，并在壁画中反映出来。

　　丧葬亦是隋唐敦煌人们日常生活中的一件耗费资财的大事，但许多普通人家无力负担这样的丧葬活动，于是，就以结社互助的形式来完成这样的仪式活动。隋唐时期，敦煌存在着许多民间社邑组织，其主要活动内容之一就是互助营葬济贫、从事佛事或两者兼有之。资助丧葬，在结社条文中有明确规定。如唐大中九年（公元855年）《社条新约》中就言："敦煌一郡，礼义之乡……三为先亡父母，迫凶就吉，共结良缘。"（P.3544）有的社条中还明确了社人资助的具体实物及数量，并针对违犯者制订了相应的罚则。如乾宁三年（公元896年）《社司转帖》就明记："右缘年友李再兴身亡，合赠送，人各物两匹、饼三十。帖至，限今月十（日）辰时于兰舍门前取齐。捉二人后到，罚酒一角；全不来者，罚酒半瓮。"（P.3070Vb）这种民间社邑组织，对贫困人家的营葬起了很大作用。"遥看世间人，村坊安社邑。一家有生死，合村相就泣"，《王梵志诗》中的这首诗就是对当时民间社邑集体营葬活动的形象描述。

第四章 文学

第四章

文 学

敦煌文学主要是指敦煌藏经洞出土文献中的文学作品以及相关的文学现象。时代以唐、五代、宋初时期为主，也包括部分唐以前的作品。既有敦煌本地的作品，又有中原传来的文学作品。敦煌文学主要包括六大类：①讲唱类；②曲辞类；③诗赋类；④小说类；⑤散文类；⑥杂著类。

讲唱类文学是敦煌文学中最丰富和最有特色的文学形式，根据题材内容、篇章结构、语言体裁以及原有名称等方面不同的特征，分为变文、讲经文、词文、故事赋、话本、因缘等等。印度传来的佛教经典对于普通信众来说太深奥，寺院中就有一些僧人从事对信众的解说工作，称为俗讲。讲经文和与之相关的押座文、解座文、缘起等就是佛教俗讲所用的底本，逐渐形成了固定的格式。变文最初源于俗讲，但在文学上更为完备，其结构形式为散文说白与唱词相间复沓回环，是一种故事性说唱文学的底本。现存敦煌变文，题材可分为四类：佛教题材，如《八相变》《破魔变》等；历史故事，如《伍子胥变文》《王昭君变文》等；民间传说，如《舜子变》《孟姜女变文》等；本地英雄故事，如《张议潮变文》《张淮深变文》等。敦煌讲唱文学作品近200个写卷，包括近80篇作品。敦煌讲唱文学是敦煌俗文学的重要组成部分，这类文学作品在藏经洞的发现，极大地丰富了我们对中国文学史的认识。其体制形式和语言风格对宋元话本、元杂剧、明清章回小说等都产生了巨大的影响。

词曲类作品，是适用于歌唱的诗歌体作品，也称"曲子词"、"俗曲"、"词"等。目前发现的歌辞作品有1300余首、60余种调名。这些歌辞有几个特点：①作者大多无名，包括民间不同阶层、不同方面的人士，如乐工歌伎、士人官吏、戍边将士、僧人道士等；②题材广泛，内容涉及守边征战、妇女生活、佛道宗教、民俗风情、医药、名胜等广泛的生活领域；③词体不太定型，比较自由，许多词调的字数、句式和韵律方面都有差异，尚未完全定型；④注重反映社会问题，生活气息浓厚，具有积极、乐观和进取的思想感情；⑤在艺术上自然率真，语言纯朴，通俗易懂。从音乐方面看，既有燕乐、雅乐曲辞，又有民间曲调，还有少数民族音乐及外来音乐的影响。敦煌闺情词的艺术成就较高，佳作亦多，我们试欣赏几首，如描绘江边女子舞蹈的《菩萨蛮》：

霏霏点点回塘雨，

双双只只鸳鸯语，

灼灼野花香，

依依金柳黄。

盈盈江上女，

两两溪边舞，

皎皎绮罗光，

轻轻云粉妆。

描绘忠贞爱情的《菩萨蛮》：

枕前发尽千般愿，

要休且待青山烂。

水面上秤锤浮，

直待黄河彻底枯。

白日参辰现，

北斗回南面，

休且未能休，

且待三更见日头。

前者通过鸟语花香的环境，描绘出一幅有声有色的舞蹈画面。后者表现对爱情的忠贞，竟用了 6 件事来发愿，写得率真、泼辣，以典型的民歌手法，用诸多世间所无之事作比喻，充满质朴的民间情调。

又如《望江南》：

天上月，

遥望似一团银，

夜久更阑风渐紧，

为奴吹散月边云，

照见负心人。

以天上的月和云为喻，写女子对负心男子的怨情，流露缠绵婉约之情。《云谣集》也是敦煌闺情词的代表，存 30 首，善以景喻情，表现出真实自然之美。如《天仙子》：

燕语莺啼三月半，

烟蘸柳条金线乱，

五陵原上有仙娥，

携歌扇，香烂漫，

留住九华云一片。

犀玉满头花满面，

负妾一双偷泪眼。

泪珠若得似真珠，

拈不散，知何限？

串向红丝应百万。

这首词以燕语莺啼的春天为背景，写女子虽然美如天仙，却无法掩饰内心的痛苦，表达了对真爱的渴望。在艺术上情景交融，意境优美，达到较高的境界。此外，还有《凤归云》《洞仙歌》《倾杯乐》《柳青娘》等作品均属上乘之作。《云谣集》是我国现存最早的词集，使我们知道在《花间集》《尊前集》之前，已有取得很高艺术成就的词集了。

诗赋类作品，包括骚体、古体、近体、歌行体及赋体作品。敦煌文学中诗歌作品约有 400 件写卷，包括 2000 首诗歌左右。既有反映中原等地生活的作品，也有描述敦煌本地风情的乡土之作；既有李白、白居易等名家的传世佳作，也有如韦庄《秦妇吟》、王梵志白话诗等失传的作品。韦庄《秦妇吟》共 238 句，1666 字，是现存唐诗中篇幅最长的一首，可惜在《全唐诗》等古代诗歌总集中均未收录，却在敦煌藏经洞得以保存。《秦妇吟》以唐末黄巢起义为背景，揭示唐末的社会面貌，表现当时战乱景象如"内库烧为锦乡灰，天阶踏尽公卿骨"等名句，深受文坛称道，因此作者被称为"秦妇吟秀才"。全诗结构严密完整，情节生动有序，语言丰富凝练，是中国古代叙事诗的杰作。王梵志为初唐时人，他的诗歌也不见于《全唐诗》等著录。敦煌写本中有王梵志诗近 400 首，多为五言诗，以浅近通俗的语言，嘲讽谐谑的手法，揭露人们灵魂深处的丑恶，鞭挞不公正的社会现象和世态炎凉，宣扬处世、道德方面的内容。如：

城外土馒头，馅草在城里，一人吃一个，莫嫌没滋味。[22]

他家笑吾贫，吾贫极快乐，无牛亦无马，不愁贼抄掠，

你富户役高，差科并用却，吾无呼唤处，饱吃长展脚。

你富披锦袍，寻常被缠缚，穷苦无烦恼，草衣随体着。[23]

这些诗作反映了下层百姓的生活和思想状况，是文人诗中较少见的，在中国文学史研究上有重要意义，有助于我们全面认识唐代诗歌的面貌。

小说类作品包括具有佛教因果思想的灵验记、感应记、入冥记和志怪小说、民间故事等。如《搜神记》《黄仕强传》《唐太宗入冥记》《启颜录》以及《秋胡小说》等。其共同特点是摆脱了当时流行的骈俪文风，大量使用民间口语，是研究中国白话文

【22】 张锡厚校辑《王梵志诗校辑》，第199页，北京：中华书局，1983年。

【23】 张锡厚校辑《王梵志诗校辑》，第5页，北京：中华书局，1983年。

学史不可或缺的宝贵资料。

散文类作品包括书、启、碑、铭、传记、祭文等具有文学色彩的说理、叙事、抒情、述意的文章。除了部分传抄于中原的作品外，大部分为本土创作。

杂著类作品包括童蒙读物、斋戒文、书仪等一些实用性文献。

以上所述仅为敦煌汉文文献中的文学作品，近年来随着少数民族文献的解读与研究，少数民族文学也引起了广泛的关注，如吐蕃文、回鹘文的文学作品。吐蕃文文学作品最引人注目的是印度著名长篇史诗《罗摩衍那》的译本。此类写卷有 6 件，可能为吐蕃时期传入。将敦煌出土的吐蕃文本与梵文精校本《罗摩衍那》比对，发现无论内容还是篇幅，精校本的梵文本恐怕都可以说迟于吐蕃文本，从而揭示出敦煌吐蕃文本重要的价值。除印度文学作品外，古代藏族人还翻译了不少古代汉语文学、史学名著，如《尚书》《春秋后语》(一名《战国策》)及《项托孔子相问书》等，上述吐蕃文写卷在敦煌藏经洞中也都有发现。沙州敦煌郡佚名氏诗 59 首、甘州张掖郡马云奇诗 13 首，这 72 首诗的写成年代当在大历元年(公元 765 年)至建中二年(公元 781 年)敦煌沦陷期间。回鹘文作品如讲唱文学《善恶两王子的故事》，这个故事汉文本采用的是对话形式，回鹘文本被改为陈述式。此外，还有回鹘语韵文体《观音经相应譬喻谭》作品。元代著名回鹘学者龚龚将《观无量寿经》由散文体变为诗歌体。除了龚龚之外，用回鹘文进行文学创作的著名回鹘诗人尚有安藏和必兰纳识里，二人在《元史》中均有传。在敦煌的同一回鹘文佛教诗集残卷中，我们还可看到必兰纳识里根据汉文佛典而创作的回鹘文诗歌《普贤行愿赞》。

敦煌文学在思想内容上有两大倾向，即通俗性和宗教性。敦煌文学中有大量通俗作品，如变文、话本、曲子词、俗赋等，与传统文学的文人作品相比有很大的区别，如王梵志诗歌，以诗写世情，表现当时民间的思想情趣。《下女夫词》则反映了民间婚礼中女方与男方一问一答的习俗，女方有意作难诘问，男方则巧妙应答，诙谐幽默，富有戏剧性。敦煌歌辞中的《五更转》《十二时》等民间曲调，大多流行于里巷村镇，内容浅显通俗，语言质朴率真，具有较强的表演性、娱乐性，是典型的民间口头文学。源于俗讲的讲经文、变文等，是面向普通民众的讲唱文学，大量采用俚语俗言，说与唱相结合，注重情节的引人入胜和娱乐性。这些作品长期以来一直被称为"俗文学"，也说明了其文学特性。

敦煌长期受到佛教的熏陶，此外，还存在着道教、景教、祆教、摩尼教等宗教，在这样的宗教文化环境影响下，敦煌文学也具有浓厚的宗教特征。敦煌文学中有很多作品是与佛教直接相关的，如《悉达太子修道因缘》《八相变》《破魔变》等，表现的是释迦牟尼的传记故事；《难陀出家缘》《丑女缘起》等，描述的是佛弟子皈依佛门的经历；《大目乾连冥间救母变文》《降魔变文》分别表现的是佛弟子的孝亲行为和与外道斗法的故事。有的作品来自佛经梵呗吟唱的曲调，称为佛曲，如《悉昙颂》《婆罗门》等，还有不少作品是佛教僧人所作，表现的是佛教思想观念。有的虽不能确定作者为僧人，但其主题表现了佛教思想，如《九想观诗》，叙述观想人从出生到老死的九个阶段，表现佛教所说的人生无常的观念。又如《禅师与少女问答》，通过禅师和少女以诗问答的形式，论辨佛理，表现一切皆空的观念。此外大量的俗文学作品都或多或少地渗透着诸如因果报应、戒除淫欲、劝善惩恶等佛教思想。除了佛教思想外，《叶净能诗》《涉道诗》《小游仙诗》等诗歌反映着道教思想的影响。

敦煌文学既有敦煌本地的文学作品，也有不少是当时中原一带的文学作品。变文中的《张议潮变文》《张淮深变文》反映了敦煌归义军时期的史实，讲述张议潮和张淮深叔侄率众推翻吐蕃统治，巩固政权、保境安民的英雄业绩，表达了敦煌百姓对张氏叔侄的拥戴之情，客观上反映了唐末敦煌地方政权归附唐王朝的历史。敦煌诗《敦煌廿咏》描写了敦煌的山川景物，如莫高窟、三危山、白龙堆等，寓情于景，表达了对本地风光的热爱之情。敦煌边塞词《望远行》《何满子》《捣练子》等，以保家卫国为最突出的主题，表现了敦煌边地人民抵御侵略、为国征战的豪情。此外，如散文中的《张议潮进表及朝廷批答》《沙州百姓等一万人上回鹘大圣天可汗状》等文，《莫高窟功德记》等碑铭作品，反映了敦煌及周边地区的社会生活，这些文学作品中体现出的浓厚乡土之情，也具有重要历史价值。同时，敦煌文学还包括大量的传自中原的作品，特别是那些中原已失传了的诗、词、文、赋以及小说等作品，如前述的韦庄、王梵志的诗作以及一些志怪小说，这些作品虽然不是敦煌人所作，但不见于世传的著作，因敦煌文献的发现而公诸于世，迄今为止，均作为敦煌文学来看待。

总之，敦煌文学不仅反映了千余年间特别是唐五代宋初敦煌及周边地区社会生活的方方面面，也反映了全国乃至域外某些地区和民族的社会生活。敦煌俗文学在文学体裁和表现形式等方面为我们展示了一个丰富而广阔的文学天地，是以前的文学史所不载的，从而在一定程度上改变了我们对中国文学史的认知。敦煌文学中保存了大量失传了的古代文学作品，补充了中国文学史的内涵。

第五章 艺术

第五章

艺　术

敦煌石窟是佛教石窟，与寺院具有同样的功能。由于佛教信仰的需要，除了在城市中建立寺院外，在远离城市的山中凿窟为室，便于僧人静修，也形成与城市风格不同的佛教礼拜场所。从宗教信仰来看，石窟是佛国的殿堂，从艺术的角度来看，石窟是集建筑、雕塑与壁画为一体的综合艺术。敦煌的建筑艺术将在第六章中详述，本章着重介绍彩塑与壁画艺术。除了造型艺术之外，壁画中的音乐舞蹈形象，也在很大程度上反映出中国古代音乐舞蹈史的发展。此外，敦煌藏经洞出土的大量绢画，从内容和艺术风格上都可以看作是敦煌石窟艺术的重要补充。藏经洞出土的数万件写本及印本，不仅极大地丰富了中国古代历史宗教文献，而且也反映了东晋到唐宋时代书法艺术的发展演变，在中国书法史上具有重要的意义。

第一节　敦煌彩塑

作为崇拜对象的佛像（包括佛陀、菩萨、弟子、天王等形象）采用彩塑的方法塑造，是石窟中的主体，也是敦煌艺术的重要组成部分。在西北地区，崖体石质疏松，不易雕刻，又加沙漠地带，能用以作雕刻的石材和木材都很少，以黏土制作塑像就成了营造佛像的主要手段，以泥塑加彩绘，称作"彩塑"。敦煌石窟彩塑保存至今的有2000多身，表现的主题有佛、菩萨、弟子、天王、力士、高僧等。佛像是信众崇拜的对象，雕塑艺术家总是要尽全力将佛像塑造得庄严而慈祥，才能使普通信众产生敬仰与崇拜之心。

敦煌早期的佛教艺术，由于受西域影响，出现了较多的西域风格彩塑。在时代最早的北凉第275窟，正面是一尊交脚弥勒菩萨像（图5-1）。这尊像高达3.4米，在早期石窟中可称得上是大型彩塑了。菩萨上身半裸，头戴宝冠，腰系羊肠裙，双脚交叉而坐，故称为交脚菩萨。交脚菩萨通常表现的是居于兜率天宫的弥勒菩萨，弥勒是未来佛，在他尚未成佛之前，是以菩萨的身份居于兜率天宫的。这样的坐式体现出明显的犍陀罗雕刻风格，犍陀罗地区是指古代印度西北部，相当于今天巴基斯坦境内以白沙瓦为中心的地区，包括今阿富汗喀布尔以东地区。这一地区曾受到东罗马帝国的影响，而接受了来自古希腊罗马的文化。到印度贵霜王朝的时代，又受到佛教文化的深刻影响，在公元 1 世纪至 3 世纪，犍陀罗地区佛教十分发达，而且出现了大量的佛教雕刻，这些雕刻表现出浓厚的古希腊罗马雕刻风格，因此，犍陀罗雕塑实际上是古希腊艺术与印度艺术结合的产物。犍陀罗艺术随着佛教的东传而影响到中国西部早期的石窟，敦煌自然也不例外，在早期的彩塑中表现出犍陀罗风格。除了第 275 窟的交脚菩萨外，在第 254 窟中心柱正面的主尊为交脚佛像，南北两壁的阙形龛内也有交脚菩萨的塑像，这些彩塑的造型都具有明显的犍陀罗风格。而在第 254 窟中心柱的南、西、北三面以及南北壁后部分列龛中的佛像则与交脚佛像不同，衣纹贴体，服装上以较细的阴刻线表现。类似的表现手法在莫高窟第 259 窟的佛像中也表现出来，如北壁东侧的佛像，眉目清秀，神情恬静，嘴角露出一丝微笑，体现出古朴而喜悦的神情（图 5-2）。从衣纹及面部表现来看，并非犍陀罗风格，却与印度马图拉风格相似。马图拉是古印度佛教文化的中心，在犍陀罗雕刻盛行之时，马图拉作为印度本土文化的中心，也出现了佛像雕刻。马图拉的雕刻并不像犍陀罗艺术那样强调写实，而是带有较强的装饰性，往往衣纹贴体，传入中国的所谓"曹衣出水"的风格，即是显著的马图拉艺术特点。在敦煌石窟创建的时代，正是印度笈多王朝兴盛之时，以马图拉艺术为代表的笈多艺术也传入了中国。敦煌早期彩塑

图5-1　交脚菩萨　莫高窟第275窟　北凉　　　图5-2　佛像　莫高窟第259窟　北魏

佛像的不同风格，反映了莫高窟早期艺术中同时接受了印度本土的马图拉风格和中亚的犍陀罗风格。

北魏后期，由于孝文帝改革，来自南方的汉民族风格开始在北方流行，以龙门石窟为代表的佛像雕刻，身体瘦长，面目清秀，被称为"秀骨清像"。在中原的影响下，敦煌彩塑也出现了面相清秀的佛像，第249窟、第285窟等窟的佛像（图5-3），面目清秀，袈裟没有紧裹身体，而是在胸部露出僧祇支（僧人的内衣），而僧祇支又系有带子，在胸部打结而垂下，这样的佛衣被称为褒衣博带式佛衣[24]。菩萨像则是身体修长，如第432窟等窟的菩萨像形象清瘦，神采飞扬，衣饰繁多，飘带较长，进一步体现了新的中原风格。

隋朝的洞窟开得都比较阔大，彩塑也高大雄伟，显示出新的时代风貌。隋朝的塑

图5-3　佛像　莫高窟第249窟　西魏

【24】关于佛像的袈裟样式，有许多学者进行过研究，其中关于"褒衣博带式"佛衣的探讨，主要见于吉村怜[日]《南北朝佛像样式史论》（《国华》1066号，1983年），阮荣春《论"褒衣博带式"佛像的产生》（《东南文化》，1992年，第1-4期合刊），费泳《论"褒衣博带"佛衣》（《敦煌研究》，2005年特刊）。

像有着承前启后的特征，北魏的彩塑吸取了来自西域和中原两个方面的艺术风格，到了隋代则把两者进行融合，进而塑造了新的富有时代特色的艺术。首先是内容更加丰富，塑像由一铺三身向一铺多身发展，第419、第420、第427窟是此期的代表，如第419窟西壁龛内塑出一组五身塑像，中央的佛结跏趺坐，穿着田相袈裟，正扬掌说法。佛两侧分别有一弟子一菩萨。佛左侧的弟子脸上布满皱纹，眼眶凹陷，披着红色袈裟，胸部肋骨凸现，一手托着钵的是年纪最大的弟子迦叶（图5-4）。佛右侧的弟子双手捧着钵，恭谨地站在佛的身旁，表现的是最年轻的弟子阿难。在佛像外侧的两身菩萨则亭亭玉立，一手上举，轻拂柳枝，一手提净瓶，面庞清秀、光润，露出少女般的稚气。佛有十大弟子，但通常在彩塑中只塑出两身，一老一少，以代表佛的所有弟子。而在隋代的第412窟，却在佛像两侧把十大弟子形象全部塑出来了，龛外两侧还各有一身菩萨像，显得极有气势。第427窟是彩塑数量较多的一窟，主室为中心柱窟，在中心柱的正面与南北两壁各塑出一铺三身立佛像，主尊佛像高达4.83米（图5-5）。在前室则塑出四天王和二力士，这些塑像高达3.6米。在中心柱的南、西、北三面各开一龛，龛内各有一佛二弟子塑像。全窟共有24身彩塑，而且前室的天王、力士与主室前部的三铺佛像相呼应，佛像庄严肃穆，天王力士则动感强烈，形成一种宏大而雄强的气势。佛、菩萨的造型质朴而单纯，而菩萨的衣纹彩绘则十分精致、细腻。

入唐以后，仍然保持了隋代艺术的那种雄强的精神气度，出现了大佛的造像。莫高窟第96窟为初唐延载年间开凿，其中塑造了高达35.5米的大佛。营建于开元天宝年间的第130窟，则塑造了高达27米的佛像（图5-6）。因第130窟位于窟区的南部，窟内大佛被称为南大像，而第96窟则称为北大像。在榆林窟初唐时期的第6窟，也塑出了高达24.35米的大佛。大佛的盛行，源于弥勒信仰。大佛多为弥勒佛，塑造和礼拜大佛，

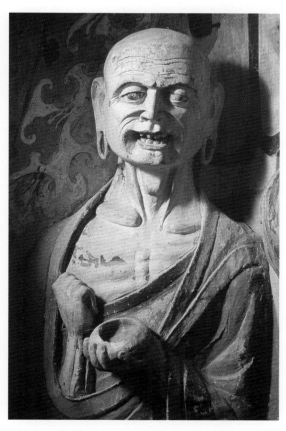

图5-4　佛弟子像　莫高窟第419窟　隋

敦煌文化探微

图5-5　莫高窟第427窟内景　隋

图5-6　大佛　莫高窟第130窟　盛唐

反映了佛教信众期待弥勒的降世。为适应大佛的塑造，大佛窟的形制也与普通石窟不同。

　　除了塑弥勒大佛外，还出现了大型的卧佛。卧佛表现的是释迦牟尼涅槃的形象，称为涅槃佛像。莫高窟盛唐第148窟塑出了长达14米的卧佛像，在佛像身后还塑出众多的佛弟子，并在南、西、北三壁绘制大型的涅槃经变，表现佛涅槃时的景象。表现涅槃佛像的洞窟，也是特殊的形式，称为涅槃窟。中唐第158窟也是大型的涅槃窟，平面为横长方形，洞窟后半部分有一个长长的1米多高的佛坛，上面平卧着释迦牟尼涅槃像的彩塑（图5-7）。长达15米的塑像静静地躺在佛床上，他头靠在枕头上，右手枕在头下，双目半闭，神态安详，仿佛一个假寐的少女，嘴角还留有含蓄的笑意。无论是五官、发髻和颈项，无不显示出明净的线条。身上的袈裟自然形成一条一条柔和的衣纹曲线，与身体起伏的曲线相配合，构成完美的韵律。这些线、面和全身的形体，犹如开放的莲花，那样简洁，那样静穆而不冷漠，那样纯洁而不孤寂。这浑然一体的造型，体现了中华民族艺术宏大而深沉的境界。在窟内的南北两侧，还各塑有一身佛像，表示过去佛和未来佛。

　　唐代敦煌彩塑的成熟，还表现在艺术家以中国人的审美精神与欣赏习惯来塑造人物，追求写实精神，按照世俗人物的形象来塑造佛经中那些远离人间烟火的佛、

图5-7　涅槃像　莫高窟第158窟　中唐

菩萨、天王等形象，使佛、菩萨等具有了人性，体现着人性之美，这也许就是唐代艺术的美之所在吧。唐代彩塑多以群像为主，并注重不同的人物个性特征。如第45窟龛内保存着一组完整的7身彩塑。塑像以佛为中心，两侧分别是弟子、菩萨、天王，均取站立姿势。阿难双手抱于腹前，身披红色袈裟，内着僧祇支，衣纹的刻画简洁、单纯，胯部微微倾斜，神态安详，在恭谨中又透出青年的朝气。迦叶则老成持重，颇具长者风范，他一手平伸，一手上举，慈祥的眼神中充满睿智的光彩（图5-8）。菩萨上身璎珞垂胸，披帛斜挎，下身着华丽的锦裙；头部微侧，眼睛半闭，身体微微弯曲作"S"形；一手下垂，一手平端，动作优美，神情娴雅；洁白莹润的肌肤下面，似乎能感觉出血液在里面流动（图5-9）。天王身披铠甲，一手叉腰，一手执兵刃，足踏恶鬼，英姿飒爽，神情激昂。从这里可以看出，此期彩塑写实性很强，艺术家们根据现实生活中的妇女、将军等形象来塑造菩萨、天王，于是这些神看起来显得格外可亲；同时，艺术家这种高度的写实技巧，又使这些塑像动态逼真、栩栩如生。另外，艺术家非常注意这些雕塑的群体性，彩塑一铺少则五六身，

图5-8 迦叶像 莫高窟第45窟 盛唐　　　　　图5-9 菩萨 莫高窟第45窟 盛唐

多则十几身，层次丰富，彼此呼应。如上述第45窟这一组7身彩塑，以佛为中心，左右大体对称排列；他们目光俯视，观者一定会发现每身塑像都在慈祥地看着你，而每一身的动作又各不相同：阿难双手抱在腹前，显得忠厚、谦恭；迦叶扬手似乎正在说什么。两身菩萨都一手伸出，一手下垂，显得漫不经心。天王则是表情激昂，肌肉绷紧。这一动一静、一松一紧，各具性格却又统一在佛的周围，产生了极强的艺术魅力。

第194窟是一个小型洞窟，正面开一个帐形龛，内塑一佛二弟子、二菩萨、二天王，龛外侧各塑力士一身。这一铺9身彩塑是盛唐彩塑的杰出代表。中央的佛双腿下垂，作善跏坐势，一手上举作说法势，一手放在膝盖上，表情平静，神态慈祥。南侧的菩萨头梳双环髻，长眉入鬓，面颊丰腴，双目低垂，嘴角深陷，露出隐隐的笑意；她的左手上举（手指已毁），右手下垂；身穿华丽的圆领无袖上衣，披帛围绕，搭于左肘；体态丰腴，肌肤莹洁；身体自然舒展，衣纹飘柔，衣饰富有质感，反映了古代匠师高超的造像技巧。

南侧天王与此相对，发髻高耸，身披铠甲，神情敦厚，面带爽朗的笑容，分明是一个性格豁达、心胸宽广的将军（图5-10）。北侧的菩萨斜挎披帛，罗裙垂地，赤足站在莲台上，身体向后微微倾斜，显出妩媚的姿态；北侧的天王，戴头盔、着铠甲，雄健威武。他身体前倾，重心放在右腿上，右手执兵刃（已失），左手前伸，脸上露出刚毅、果敢的神情。这一组彩塑以佛为中心，突出表现一种庄严而又带有浓厚人间气息的境界。不论是佛、弟子还是菩萨、天王，都显得真实可感，他们不再是远离人世的神。从菩萨身上我们可感知那个时代的妇女的温婉、娴静的个性；而天王、力士，也都是唐朝现实生活中将

图5-10　菩萨与天王　莫高窟第194窟　盛唐

军、士兵的写照。

　　五代、北宋及以后的洞窟大多开在莫高窟的底层，大约是较容易受到破坏，所以彩塑所存极少。这一时期由于敦煌与中原的联系时断时续，强大的中原文化对敦煌的影响相对较弱，彩塑显然不如唐代那样生气勃勃，富有魅力。宋代第55窟佛坛上还保存着一组彩塑，主尊为三尊佛像，正面一尊，左右两侧各一尊，形成三世佛像的格局。佛像两旁本来都应各有二弟子二菩萨二天王的配置，但大都损失，仅正面佛侧存一身弟子像、一身天王像；左侧佛像旁存一身菩萨像；右侧佛像旁存两身菩萨像和一身天王像。佛像均为善跏坐，身体比例适度，神情慈祥。这一组彩塑身体都比较高大（均超过2米），技法上保持了唐代的作风，表现出一种庄严而宏大的气氛。此外，在部分洞窟中还可看到西夏时代的彩塑，如第265窟等。总的来说，五代以后，洞窟中的彩塑不多，仅存的这些彩塑中，可以看出艺术家在努力继承唐代的作风，但却缺少唐代彩塑那种生动自然和富于个性的精神。

　　敦煌彩塑，虽然表现的是作为崇拜对象的佛、菩萨等形象，但通过古代艺术家的塑造，把这些本来充满了神性的佛、菩萨、弟子等形象变得各有个性，真实而生动，而且非常富有人情味，达到了极高的艺术境界，在中国雕塑史上具有重要地位。

第二节　敦煌壁画的主要内容

　　敦煌石窟中的壁画，可以说是保存至今数量最多、时代延续最长、绘制最精美的古代绘画艺术宝库。壁画内容主要是依据佛经画出佛像或者佛教故事，表现佛国世界，配合塑像，使窟内形成一个完整的佛教世界。在佛教崇拜的时代，艺术家们倾注了极大的热情来描绘佛教的各种内容，留下了无比精美的艺术作品。虽经千百年自然和人为的破坏，至今莫高窟保存了4.5万平方米的壁画。这些壁画包含着宗教、历史、文化等多元的内容，是我们了解公元4世纪至14世纪中国传统文化以及中外文化交流的重要资料，同时，作为艺术品，它们反映了中古时代我国绘画艺术的重要成果。

　　敦煌壁画从内容上来说，可以大致分为六项内容：①佛像画；②佛教故事画（包括本生故事、佛传故事、因缘故事、佛教史迹故事）；③中国传统神怪画；④经变画；⑤供养人画像；⑥装饰图案画。

（一）佛像画

　　这是壁画中表现最多的内容，因为石窟开凿的目的是为了拜佛，佛像就是一切绘画的中心。佛像很少有单独的，一般都以佛说法的形式画出，称为说法图，佛在中央或坐或立，两旁分别有弟子、菩萨等尊像，还有飞天在上部散花。如第249窟的说法图，中央的佛立于莲花上，两侧各有两身菩萨，上部又各有两身飞天（图5-11）。

到了唐代，说法图人物众多，表现技法也十分精湛，如第57窟南壁的说法图中央是阿弥陀佛结跏趺坐于莲台上，两侧分别有弟子迦叶和阿难，观音、势至两大菩萨以及众多的菩萨和天王。阿弥陀佛与左右胁侍菩萨观世音和大势至并称为"西方三圣"，是佛教的净土世界之主。壁画中观音菩萨头微低，胯部略向左倾，而使身体形成"S"形弯曲，头冠和项上装饰的璎珞金光闪闪，飘带和衣裙好像是以华丽而轻柔的薄纱做成，一层层透明感很强，她的两手动作和身体的动态显出妩媚的姿态。与她相对的大势至菩萨一手托钵上举，一手下垂，虽然身体颜色变黑，但仍可看出娇媚的神态。两大菩萨身后的众多菩萨，虽然仅露出头部，但也是表情神态各不相同。这个洞窟因众多菩萨的美丽而被称为"美人窟"，这些菩萨就是唐朝美人形象的写照。

唐代以后，通常在佛龛两侧或窟门两边画出文殊和普贤菩萨的赴会图(也称"文

图5-11　说法图　莫高窟第249窟北壁　西魏

殊变"、"普贤变"），与中央佛龛中的佛像相应，扩展了说法图的意义。在佛教中，卢舍那佛与文殊、普贤二菩萨称为"华严三圣"，是华严世界之主。卢舍那佛是释迦牟尼的法身，普贤菩萨主"理"，文殊菩萨主"智"。所以，有文殊和普贤为胁侍的，主尊佛像当为卢舍那佛或者是释迦牟尼。第159窟西壁的文殊和普贤赴会图也绘制精美，文殊菩萨坐于雄狮背上的宝座，神情安详，手执如意，前后有天龙八部等众神环绕。这些菩萨圣众表情各异，动态不一，如狮尾后部的天女探头外视，天真无邪；下面的菩萨凝神俯视，仿佛沉浸在遐想中；牵狮的昆仑奴双眼圆睁，正用力牵绳，动作神态极为真实。最动人的是狮前的3身伎乐：前面的一身吹着横笛，侧着脸，目光下视，她的头仿佛随着乐曲在轻轻晃动；后面的一身打着拍板，头微微上仰，眉开眼笑，一副喜悦之情；另一身伎乐神情专注地吹笙，眼睛注视着手指的动作，赤脚站在莲台上，翘起的脚趾似乎也在随着音乐的节奏打着拍子。

由于文殊菩萨在中国受到特别的信仰，据说山西省的五台山就是文殊菩萨的道场。五台山有五个顶，与佛经中记录的文殊所在的清凉山情况非常一致，从北魏以后，五台山就开始供奉文殊菩萨，唐代武则天时期，专门派官员到五台山检验佛迹，还绘制了五台山图，在全国流行开来。五代时期，统治敦煌一带的节度使曹元忠家族在莫高窟开凿了规模宏大的第61窟，因为是专门供奉文殊菩萨的，称作"文殊堂"。洞窟中央设佛坛，原来塑有骑狮的文殊菩萨像，现在已失。这个洞窟配合文殊菩萨像还画出了长达13米的"五台山图"，详细描绘了当时五台山周围的交通地理情况，具有珍贵的历史价值。晚期的文殊变和普贤变往往把山水画组合在其中，既表现出菩萨等圣众在云中来去的状况，也表现出山水风景。如西夏时期榆林窟第29窟的文殊变和普贤变，中央描绘出文殊和普贤等众多的菩萨、天人，上部分别画出规模宏伟的水墨山水画，反映了中国山水画的发展。

观音菩萨也是最流行的壁画题材，唐代壁画中出现了表现《观音经》的观音经变，第45窟观音经变画分别画出了观音菩萨救苦救难的场面。佛经中说，如若在海上遇上风浪或海中的妖怪，只要口念观音名号，即可消灾免难。壁画中画出一条大帆船航行在大海中，船中有七八个旅客和五六个艄公，船周围的水中有不少怪鱼怪兽纷纷向这条船攻击，情况十分危急。船中之人都双手合十向观音菩萨祈祷。还有一个画面表现商人们牵着毛驴行进在山中时，忽然山后出来几个手执刀杖的强盗，商人们心惊胆战，做出祈求的样子。这也是表现遇盗难而得观音菩萨救助的内容。这些生动的场面如果抛开其宗教的说教内容，其实正表现了古代的商人或旅行者的真实生活。

随着观音信仰的盛行，在敦煌壁画中还出现了千手千眼观音像、十一面观音像、水月观音像等等。其中水月观音像较有特色。据文献记载，唐代画家周昉最早创作了水月观音像，以水光月色表现出一种空灵的境界，把美丽的自然风景与观音像结合起来，深受人们欢迎。水月观音像反映了中国文人审美意识对佛教美术的影响。榆林窟西夏时代第2窟的水月观音，以青绿山水为背景，表现出幽深、静谧的气氛，是水月观音中的优秀作品（图5-12）。

　　莫高窟第3窟的千手千眼观音，则是元代线描绘画的杰出代表。观音菩萨的数百只手围成一个圆环，好像一个圆形的光环，每一只手都以细腻的铁线描法，表现出手指的细微之处，而观音身体部位则可以看到兰叶描、折芦描、游丝描等无限丰富的线描技法。

图5-12　水月观音　榆林窟第2窟西壁　西夏

飞天是佛教艺术中的一个独特的形象，通常是指佛教诸天。除了佛和菩萨以外，佛教世界里的天部诸神（如天龙八部众神等），他们都能够自由地飞行于天空。因此在佛教美术中，常常表现出飞行的样子。在天龙八部中，乾闼婆与紧那罗是主管音乐舞蹈之神，这两类天神多表现为飞天的形象，所以有人认为飞天就是指乾闼婆与紧那罗。佛经中又记载，当佛说法的时候，常常有天人、天女或作散花、或作歌舞供养。这些天人天女画在壁画中，就是我们常说的飞天。

敦煌各时代的壁画中，都画有飞天的形象。北凉北魏时代的飞天形体较短，受西域风格影响，身体强壮，但有一种沉重之感。西魏以后受中原风格影响，飞天变得灵巧而飘逸。如第285窟南壁画出了12身飞天，在云气飘缈、鲜花满天的背景中，他们轻快地飞行（图5-13）。飞天均上身半裸，下着长裙，头发梳成两个髻，面庞清秀，带着一丝微笑，神态安详，有的弹奏着箜篌，有的吹着横笛，有的一手支颐、一手前伸，显得衿持而娴雅。隋代的飞天多以群体飞天的形式出现，如第420、第427等窟都在四壁上部接近窟顶的地方画出一道装饰带，其中飞天一身接着一身向中央佛的方向

图5-13　飞天　莫高窟第285窟南壁　西魏

图5-14　飞天　莫高窟第320窟南壁　盛唐

飞行。这些飞天小巧玲珑，灵活多姿，加上飘带简练流畅，造成一种快速飞行的气氛。盛唐时代是敦煌艺术的黄金时代，飞天的描绘也表现出成熟而完美的特点。第320窟南壁阿弥陀经变中的飞天是最受人称道的了，在佛说法场面的上部画出4身姿态优美的飞天（图5-14）。以宝盖为中心，分两组相对画出，左侧这一组，前面的飞天头梳双丫髻，双手上举，正在散花，她的面庞微微向后，漫不经心地看着后面的飞天，长长的锦裙紧贴身体。后面这身飞天双手高举，一条腿提起，一条腿伸直，动作强烈，好像正努力追赶着前面的飞天，一紧张，一舒缓，富有戏剧性。五代以后，飞天的表现虽然没有唐代那样丰富，但各时期仍有不少优秀之作。西夏、元代的壁画中也有十分独特的表现，如第3窟千手千眼观音旁边的飞天，表现为童子的形象，乘着彩云散花而来，也非常生动有趣。

（二）佛经故事画

佛教为了宣扬其教理，往往用一些浅显的故事来讲解很多深奥的道理，同时，为了强化释迦牟尼这一崇拜对象在信徒中至高无上的地位，十分重视对佛教创始人释迦牟尼的宣传。所以佛教寺院和石窟中，雕刻或绘制的有关释迦牟尼传记的故事（简称佛传故事）随处可见。此外，还有本生故事，主要讲述释迦牟尼的前世故事；因缘故事，讲述佛陀教化众生的故事；佛教史迹故事，讲述佛教发展史上的故事。

佛经中往往把释迦牟尼神化了，带有很多神异的色彩。释迦牟尼本名乔达摩·悉达多，大约在公元前565年诞生于古印度的迦毗罗卫国，父亲是净饭王，母亲是王后摩耶夫人。据说摩耶夫人梦见了一个菩萨乘六牙白象而来，于是身怀有孕。按古印度的习俗，妇女生育当回娘家。于是怀胎将满十月之时，摩耶夫人在很多宫女的陪伴下回家，途中经兰毗尼园，摩耶夫人觉得身体不适，便徐徐来到园中。当她手攀无忧树时，太子从她的右腋生了下来。原来，太子不愿使母亲受到分娩之痛苦，就从腋下降生了。摩耶夫人和太子回到宫中，净饭王非常高兴，为太子取名叫悉达多。太子从小学文习武，受到很好的教育，并娶大臣摩诃那摩之女耶输陀罗为妻。他生活在宫中，享尽人间的快乐。然而，太子常常感到忧郁。他在城外出游时看到人间有疾病、衰老和死亡等诸多痛苦，陷入了苦苦的思索。这段经历称为"出游四门"。他想寻找一条解脱人间痛苦的途径，于是决定出家修行。在29岁那年，悉达多太子决定出家修行，为了避免国王阻拦，他在一个夜晚离城，到山中开始了苦修的生涯。这一经历称作"逾城出家"。他每天只吃一点豆羹以维持生命，经过了6年的苦行，他感到苦修并不能解决问题，于是到尼连禅河洗尽了6年的污垢，并接受了牧女施舍的牛乳，慢慢地恢复了体力。当他在菩提树下沉思默想时，战胜了心中的一切魔障，突然间得到了大悟，从此，明白了人间的真谛。这件事称作"树下成道"。他开始收徒讲学，宣扬他的理论，这就是"初转法轮"。他所主张的教义就是佛教。他被尊称为释迦牟尼，意思是释迦族的圣人。后人又称他为佛陀，意为大彻大悟的人。佛教成立后，发展并不是十分顺利，释迦牟尼不断地到各地说法，扩大佛教的影响。公元前484年，释迦牟尼于拘尸那城的双树林中涅槃。

　　唐代的佛传故事画大多选取一两个有代表性的情节来表现，如释迦诞生前，摩耶夫人梦见白象的场面，称作"乘象入胎"。悉达多太子决定离家修行而骑马逾城的场面，称为"逾城出家"。这两个情节，一个象征着释迦的诞生，一个象征着释迦牟尼修行的开始，是壁画中最为常见的。初唐第329窟就是典型之例，一边是菩萨骑白象从空中而来，伴随着还有很多天人演奏音乐，另一侧是悉达多太子乘马腾空而起，有四个小天人托着马足，周围飞天散花飞行，气氛热烈（图5–15）。

　　降魔成道和初转法轮也是表现佛传的重要场面。前者表现释迦牟尼成道时，魔

图5–15　逾城出家　莫高窟第329窟龛顶南侧　初唐

王波旬深恐释迦的成道威胁到自己，就率众魔军来企图杀死释迦牟尼。可是面对众魔围攻，释迦镇定自如，以神通力击败了魔军，使众魔伏首归降。莫高窟第254窟南壁的降魔变，表现佛安坐在中央，周围各式各样的妖魔手执各种武器，向佛袭来。画面下部则描绘魔军败北后跪在佛前的样子。画面下部左侧还描绘了三个美女正对着释迦搔首弄姿，右侧有三个面貌丑陋的老女人。这是表现魔王波旬见魔军不能战胜释迦，便施美人计，企图以美女来诱惑释迦，但释迦不为所动，并使神力，把美女变成了又丑又老的老婆子（图5-16）。

初转法轮表现的是释迦牟尼成佛后到鹿野苑第一次说法的情景，也称鹿野苑说法。通常描绘佛在说法，佛前有两只鹿，象征着鹿野苑，并有三个圆形的法轮。佛两侧画有比丘5人，代表最早跟随释迦的5个比丘。在北魏第260窟、第263窟都画有初转法轮图，特别是第263窟壁画保存如新。

涅槃图也是佛传中的一项重要内容，释迦牟尼的涅槃意味着肉体的消失和灵魂的升华，从此进入不生不灭的状态。对于佛教来说，从此佛不再是一个实体的人物，而是一个永远存在的精神导师，因而涅槃就是佛教的最高境界。涅槃图在佛教艺术中具有十分崇高的地位，这一点与基督教艺术中描绘被钉在十字架上的耶稣表现的

图5-16　降魔变　莫高窟第254窟南壁　北魏

是同样一种宗教境界。隋代以后，涅槃图形成了规模较大的独立的涅槃经变，增加了很多情节；唐代洞窟中还把涅槃塑像与壁画的涅槃经变相结合，形成更为完整的宗教境界，如盛唐第148窟和中唐第158窟就是代表。第158窟涅槃塑像长达15米，表现佛在双树林涅槃的场面，朝着佛头方向的壁画上，描绘佛弟子们因佛的入灭而悲痛不已的场面；朝着佛足方向的壁画表现的是世俗人物，除了中国的帝王形象之外，还有各国国王与王子们因佛的离开而悲伤的场面。特别是表现有的人以刀划面，有的割耳，有的剖腹，反映了古代中亚一些民族表现悲伤的习俗。

最完整地表现佛传内容的壁画当数第290窟人字披顶的佛传图，表现了从佛的诞生、出家直到成道为止的故事，如连环画一样，以连续性的画面表现，形成长卷的形式。在人字披的两披各以三段长卷画幅相接续，共六段画卷，画出87个情节，可称为最长的连环画了。画面线描流畅而清晰，色彩简淡，以建筑、山水为背景，人物造型简练，体现出早期壁画故事画艺术的成就。五代时期的第61窟也在南、西、北三壁的下部，利用屏风画分割的形式，画出完整的佛传故事。内容更为丰富，从佛诞生之前的种种传说故事到佛涅槃为止，共画出128个情节，是莫高窟内容最为丰富的故事画，在现存的佛教艺术中也是十分罕见的。画面中还可以看到当时人们的社会生活的种种面貌，如宫中生活、歌舞宴乐、骑射比武、市井生活、农耕景象等等，反映了中古社会的种种生活状况。

佛教认为人死了是会投胎然后再生的，称作"轮回"。根据一生的表现，决定了下一次投胎的命运。如果做的坏事多，可能投胎为牲畜；如果做的善事多，可能会投胎到富贵人家。如果每一次投生后都一直修行做善事的话，最终就会成佛。佛经中有很多"本生故事"，讲的就是释迦牟尼前世做的善事。这些故事最初可能是印度古代的民间故事，颇有意义。如著名的九色鹿本生，就是流传很广的故事。

在古代印度的恒河岸边，住着一只美丽的九色鹿。一天，九色鹿正在河边散步，突然发现有人落水。九色鹿毅然跳进激流，把落水之人救上了岸边。落水的人千恩万谢，九色鹿说："不用感谢，只希望你回去后千万不要把我所在的地方告诉任何人。人们贪图我的毛皮，可能会加害于我。"落水之人指天发誓而去。这一天，王后做了一个梦，梦见一只十分美丽的九色鹿。醒来后她要求国王把九色鹿捕来，取下毛皮来为她做衣服。国王为了满足王后的要求，就叫人贴出告示，上面写着：有知道九色鹿行踪者，愿意分一半的国土给他，并赏赐金银无数。那个落水之人看到了告示。在重金的诱惑下，落水的人变得无比贪婪，便向国王报告了九色鹿的所在。于是，国王带着大批军队来到了恒河边的那一片树林。九色鹿正在林中午睡，它的好友乌鸦把它叫醒时，国王的军队已把它团团包围了。九色鹿突然看见落水之人在国王前面带路，马上明白了一切。它昂首走向国王，对国王说："贤

图5-17　九色鹿本生（局部）　莫高窟第257窟西壁　北魏

明的君主啊，我曾有恩于你的国家，为何却要杀我？"接着它把头一天在恒河边救人的事一五一十地告诉了国王。国王听了十分感动，他说："鹿为兽类，尚且知道善恶，而人怎么做出忘恩负义的事？"于是下令从此以后，不许任何人伤害九色鹿。那个落水之人自从告密以后，浑身长满了毒疮，发出恶心的臭味，不久便痛苦而死。

　　这个故事画在莫高窟第257窟的西壁，画家采用了中国传统的长卷式连环画的形式，按两头到中央的顺序，详细描绘了故事发展的经过，把九色鹿向国王陈述事情经过的场面画在中央，突出了正直善良的九色鹿的形象，特别是昂然挺立的九色鹿给人以深刻的印象（图5-17）。

　　（三）中国传统之神仙

　　佛教传入中国后，不断地与中国传统文化发生冲突，而佛教为了能在中国这块土地上生存和发展，不免要与中国本土文化相融合，于是，佛教本身也吸收了中国文化的内容，东王公、西王母及伏羲、女娲等中国传统神仙的形象便在石窟中表现出来了。

图5-18　西王母　莫高窟第249窟窟顶南披　西魏

　　第 249 窟窟顶南披画的是西王母及其侍从（图 5-18），北披画东王公及侍从。东王公和西王母是中国传统的神话题材，根据《山海经》《淮南子》《拾遗记》等书的记载，西王母生活在西海的昆仑山上，有三青鸟为她取食。西王母生活的地方很富有，"万物尽有"。周穆王曾到西海会见西王母，两人在瑶池相见，周穆王送给西王母玉璧及锦，二人互相唱和。西王母唱道："白云在天，山陵自出，道里攸远，山川间之，将子无死，尚能复来？"周穆王跟她对唱："予归东土，和治诸夏，万民平均，吾顾见汝，比及三年，将复而野。"唱词中表明了西王母的留恋之情，她希望周穆王再次来相会，而穆王也想在三年后再来。这件事在中国历史上影响很大，在人们的传说中，西王母和东王公逐渐成为了神仙的代表。在汉朝的画像砖、画像石以及墓室壁画上都出现了大量的东王公与西王母的形象，成为绘画上的一个传统。莫高窟第 249 窟窟顶上画的东王公乘龙车，前有仙人引导，周围还有羽人、飞天等；与他相对的西王母乘凤车，周围有飞仙、开明、文鳐等神兽。在窟顶东披画出两个力士托着摩尼宝珠。下方画有朱雀、玄武，这是中国古代象征南方、北方的神兽。西披画的是阿修罗王，两侧又画出风、雨、雷、电四神。风神身上有翼；雨师口喷云雾，化为大雨；雷公则是虎头人身，周围有一圈鼓，据说他一运转连鼓，便会产生隆隆的雷声；在雷公身下的电神，也是兽首人身，手里拿着一支铁钻，能划出闪电。这些中国传统神话中的内容大规模地出现在佛教石窟中，与佛教壁画内容完美地结合在一起。在画法上则利用飞动的云朵和纹饰，着力渲染一种飘飘欲仙的动势，造成一种满壁飞动的效果。

在佛教石窟中描绘出中国传统神话内容，反映了佛教对中国文化的兼容性，以及外来佛教与中国本土文化的融合性。

（四）经变画艺术

经变画就是概括地表现一部佛经的主要内容，情节较多、规模较大的画。它不像佛经故事画那样单纯地表现一个有头有尾的故事，而是综合地表现佛经所记的场面。佛经主要是讲述佛教哲学理论的，有的佛经包括多个故事，有的则没有故事情节。在佛教传入中国的初期，讲述故事的佛经流传较多，佛教也需要通过浅显易懂的形式来宣传佛教的基本理论。到了隋唐以后，佛教在中国已经很流行了，佛教理论性的经典更受到重视，于是在佛教壁画中也就流行起经变画了。很多经变画仅仅表现佛说法的场景，表现佛所在的净土世界。代表性的经变有阿弥陀经变、观无量寿经变、弥勒经变、法华经变等。总之，经变画是唐代以后敦煌壁画的主要题材，在石窟中占有举足轻重的地位。经变画也是中国式的佛教艺术的代表，体现着中国人对佛教的理解和中国人的审美观。

维摩诘经变是根据《佛说维摩诘经》绘制的。佛经上说，维摩诘是个神通广大、能言善辩的居士，他不出家，却精通佛理。他经常在家称病，人们去探望他时，即向人们宣讲他的大乘佛理。经变画通常以佛派弟子去探望维摩诘这一事件为中心来展开，往往在画面的一方画维摩诘居士，一方画文殊菩萨。在维摩诘与文殊菩萨的下方分别有众多的菩萨、佛弟子以及各国国王等形象。

初唐第220窟东壁门两侧分别画出维摩诘与文殊菩萨。南侧是维摩诘坐在帐中，手持麈尾，双目炯炯有神，神情激昂，沉浸在论辩的气氛中；香积菩萨托钵跪在前面。下面是各国王子听法的场面，上部则画出妙喜世界。门北侧是文殊菩萨和弟子、菩萨以及帝王、大臣听法。画中最有意义的是中国的帝王、大臣与少数民族国王的形象。皇帝戴冕旒，着衮服，两手伸开，仪态雍容；大臣们前呼后拥，显出至尊气派。这一形象与唐朝画家阎立本所画的《历代帝王图》很相似。盛唐第103窟同样画出维摩诘经变，维摩诘下部画出各国王子的形象，文殊菩萨下部也画出中国帝王及大臣们听法的情景。中唐时期，由于吐蕃占领了敦煌，这时的维摩诘经变中描绘各族王子的场面，一般都以吐蕃赞普的形象为首，形成了这一时期维摩诘经变的一大特点。如第159窟东壁门的北面两侧分别绘制以维摩诘和文殊菩萨为中心的众多人物；在南壁维摩诘的下部，画出吐蕃赞普头戴红毡高帽，穿着虎皮翻领袍，腰系革带，佩长剑，右手持香炉立于一个方台上，身后还有侍从替他打着曲柄华盖。

观无量寿经变是唐代以后最为流行的经变之一。唐代净土宗流行，净土宗主要信仰三部经典——《阿弥陀经》《无量寿经》《观无量寿经》，壁画中也分别有这三种净土经变，而其中又以观无量寿经变最为盛行。通常在中央绘出佛国净土世界（阿弥陀世界），在画面两侧分别绘出"未生怨"故事和"十六观"内容。"未生怨"讲的是一个因果报应的故事：王舍城的国王频婆娑罗年老无子，盼子心切，便请相师算命。相师告诉他，山中有一道人，死后当来投胎。国王心中急切，使人断绝道人粮道，道人饿死，可是仍未见有子。国王诘问相师，相师说：道士投生的时候未到，已化为白兔。国王又派人到树林中围捕所有的白兔，用铁钉钉死。不久，王后果然有孕，生下一子名阿阇世，国王和王后对儿子极度宠爱。阿阇世长大后，一日出游回城，忽然心生恶念，把国王抓起来，关入监牢，不给饮食，自己取代了王位。王后韦提希夫人十分想念国王，而阿阇世不许给国王送食物。王后就把蜜面涂在身上，进入监狱后从身上取下蜜面给国王充饥。阿阇世知道后大怒，要杀王后，经两位老臣苦苦相谏，方才作罢，但他把王后也囚禁起来，最终用铁钉钉死了国王。佛经中说，当韦提希夫人无限悲痛之时，便终日念佛，以求解脱。于是，佛从天降，向王后讲明了过去现在的因缘，使她明白了世间的因果报应。王后别无他想，一心向往佛境，并请佛指点修行的途径，佛就给她讲了达到佛教境界的"十六观"，这十六观包括：日想观、水想观、地想观、宝树观、八功德水想观、总想观、华座想观、像观、遍观一切色想观、观音菩萨观、大势至菩萨观、普想观、杂想观、上辈生想观、中辈生想观、下辈生想观的修行方法。

第172窟南北两壁均绘观无量寿经变，是同类题材中的代表作。画面采用三联式构图，即中间大部空间表现西方极乐世界，两边以条幅的形式分别画出"十六观"和"未生怨"的故事。中央的佛国世界就是用于修"十六观"时作为观想的主要内容，壁画中以华丽无比的宫殿楼阁表现佛国世界，这里菩萨个个体态优美，面含笑意，有的身体前倾，双手捧香炉供养；有的合掌低头，静思默想；有的仰首注视，全神贯注；有的抱膝冥想，若探求佛理。这些不同的动感构成了变化而和谐的整体旋律。在经变的下部还描绘了乐舞场面（图5-19），表现极乐世界的美妙气氛。

除了观无量寿经变外，还有东方药师经变，表现的是药师净土；华严经变，表现的是华严净土；弥勒经变，表现弥勒净土；等等。这些以表现佛国净土为主题的经变画，通常以华丽的宫殿建筑表现佛所居住的佛国景象，以佛说法场面为中心，在佛前面往往有表现乐舞的形象，以烘托佛国的欢乐景象，这些乐舞景象也反映了

图5-19　观无量寿经变　莫高窟第172窟南壁　盛唐

中国古代音乐舞蹈高度发展的状况。

　　弥勒经变，主要是描绘未来佛弥勒的净土世界。《弥勒下生经》讲弥勒菩萨从兜率天宫下世，以修梵摩为父、梵摩耶为母。成道后教化众生，举行过三次规模宏大的讲法活动，化度数万人，称作"弥勒三会"。释迦牟尼涅槃之前，曾将自己的袈裟交给大弟子迦叶，并嘱咐道：未来当有弥勒佛降世，他将接替我教化众生，你可把这袈裟转呈给弥勒佛。弥勒成佛后，引众人到迦叶禅定之处，唤醒了深入禅定的迦叶，于是迦叶把释迦的袈裟送给了弥勒。所以，弥勒成为了继承释迦牟尼的未来佛。在弥勒世界，路不拾遗、夜不闭户，每天夜里有龙王洒水，罗刹扫地，还出现了"一种七收"、"树上生衣"等奇迹，人们用力甚少，收获甚多。人寿八万四千岁，妇女五百岁才出嫁。老人自知寿尽，便入墓室平静地死去，没有痛苦。所以壁画中常常表现唐人婚礼场面，就是为了表现《弥勒经》中所说"女人五百岁出嫁"的内容而画的：在一个大院的外面，有一个大大的帐篷，新郎新娘和众多的宾客们正在里面欢宴，有一人正在跳舞。这一场面正反映了唐代婚俗中新婚之日，于户外搭"青庐"的习惯。，为了表现经中所说"一种七收"的内容，还往往画出农夫辛勤耕作和收获的场面。敦煌壁画中弥勒经变的代表作有莫高窟盛唐第33窟南壁、第445窟北壁，榆林窟中唐第25窟北壁等处，都表现得细腻而生动，特别是榆林窟第25窟的弥勒经变保存状况较好（图5-20）。

图5-20　弥勒经变　榆林窟第25窟北壁　中唐

（五）供养人画像

供养人是指那些出资营建洞窟的人，洞窟完成后，一般要把供养人的形象也画在洞窟中，并记下他们的名字、官衔等等。所以供养人的形象以及他们的题名结衔，就成了我们认识那个时代参与石窟营建者历史的重要资料。同时，供养人的服饰真实地反映了不同时代人物的服饰特征，为我们提供了十分珍贵的服装史资料。如西魏第285窟就保存了大量的汉族和少数民族人物的形象（图5-21），并有较完整的文

图5-21　供养人像　莫高窟第285窟　西魏

字题记，包括有西魏大统四年、五年（公元 538、539 年）的营建记录，为我们了解当时洞窟营建的历史提供了珍贵的资料。敦煌石窟中各个时期供养人题记是研究石窟营建史的重要依据，同时也使我们对各时代历史的相关问题有了深入的认识，而供养人的形象以及服饰，也是我们了解不同时代人物以及服饰史的重要资料。如莫高窟第 130 窟《都督夫人礼佛图》是唐代供养人像的代表作，表现的是当时瓜州晋昌郡都督夫人和女眷们的形象，华丽的服饰和雍容的神态，反映了盛唐时代贵族妇女的风姿。五代以后，还出现了于阗国王、回鹘国王、西夏官员等少数民族人物的形象，使我们对历史上活跃在西北地区的少数民族人物增加了很多形象的认识。

（六）装饰艺术

敦煌石窟中的装饰图案，北魏时期流行莲花与忍冬纹图案，西魏还把孔雀、鹦鹉等禽鸟也组合到图案中来，使图案华丽而丰富。

隋代更发展了这样的装饰图案，如第 427 窟人字披顶部，在深绿的底色上，以缠枝莲茎和忍冬纹，按波浪形延续，构成一个个环形空间，其中画出盛开的莲花以及坐在莲花上的化生童子。这些化生童子显然象征着往生极乐净土的途径。图中的童子坐在莲花上，有的怀抱琵琶、有的吹奏竖笛，一副无忧无虑、愉快欢歌的神态。这条长长的装饰带随着起伏的莲茎，充满了动的旋律。

唐代的殿堂窟中，顶部中心是藻井，这是全窟装饰的重点。第 329 窟的藻井，井心用 14 个卷曲莲瓣和 14 朵卷云纹环绕莲心绘成一朵大莲花，在方井的四角与中心相对应又各画出莲花的一角，莲花的外缘具有石榴纹样，这些巧妙的组合使造型简单的莲花变得无比华丽丰富。中心莲花的周围，在深蓝色的底色中，画出 4 身衣袂飘飘、手持鲜花的飞天，他们在蓝天中轻飞曼舞，身边浮云流动。井心以外是卷草纹、联珠纹、垂角纹帷幔等（图 5-22）。在藻井外缘的帷幔外侧，又画出 12 身飞天，在五彩云的衬托下，他们演奏着琵琶、箜篌、腰鼓等乐器，朝着一个方向连续不断地飞去。华丽无比的图案以及他们活泼多姿的动态给人以无限遐想。

五代以后，除了唐代以来的团花图案以外，中国传统的龙凤图案开始流行起来。画面色调倾向清淡，以绿色为主，常常辅以描金，表现出华丽

图5-22　藻井　莫高窟第329窟窟顶　初唐

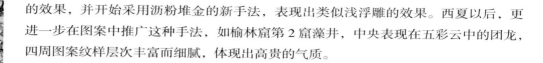

的效果，并开始采用沥粉堆金的新手法，表现出类似浅浮雕的效果。西夏以后，更进一步在图案中推广这种手法，如榆林窟第 2 窟藻井，中央表现在五彩云中的团龙，四周图案纹样层次丰富而细腻，体现出高贵的气质。

第三节　敦煌壁画的艺术风格

敦煌壁画完整而系统地反映了公元 4 至 14 世纪壁画艺术发展的轨迹，特别是对于考察中国早期人物画、建筑画、山水画的发展具有重要意义。由于敦煌处在丝绸之路的要道，中原著名画家的风格不断地影响到敦煌，使敦煌壁画在 1000 多年的发展演变中在绘画技法和风格特点上都与中原绘画一致。在两晋南北朝至隋唐时代中原画家作品大都失传的今天，敦煌壁画就成为我们认识这个时代中国绘画史的重要依据。

东晋南朝时代，顾恺之、陆探微等一批画家在南方十分活跃，顾恺之还在佛寺中绘制壁画。画史载顾恺之在瓦官寺画维摩诘像，有"轻羸示病之容，隐机忘言之状"[25]。当时贵族阶层崇尚清谈和神仙思想，对身体清瘦、飘飘欲仙的人体形象有特别的爱好。绘画中流行清瘦之美，称作"秀骨清像"。贵族们为了表现自己的身份地位，衣着十分讲究，就形成了所谓"褒衣博带"的特点。从传为顾恺之的《洛神赋图》中，我们可以看到通过衣裙和飘带的陪衬，表现出洛神飘然在云端的形象。由于孝文帝的改革，南方的艺术以及南方的审美精神影响到了北方，龙门石窟雕刻中出现了具有南方"秀骨清像"、"褒衣博带"特色的中原风格。敦煌在西魏以后，接受了传自中原的造型风格，第 249 窟、285 窟、288 窟等出现了人体比例修长、身体苗条、眉目清秀、嫣然含笑、动作飘举、衣裙飞扬如神仙般的形象（图 5-23）。第 285 窟南壁五百强盗成佛故事画中，还画出了大量的山水风景，反映了当时山水画的特点。

在南北朝时期，传自西域的画法逐渐被中国的画家所吸收，画史记载，北齐画家曹仲达画人物衣纹稠叠如出水之状，被称为"曹衣出水"。南朝张僧繇曾采用"凹凸法"在南京一乘寺绘制壁画，"远望如凹凸，就视乃平"[26]。曹、张的画法正是传自印度和西域的画法，在敦煌早期壁画中十分流行。如北凉第 275 窟、北魏第 254 窟等壁画中，描绘人物通常沿人体轮廓线用重色晕染，中央部位则较淡，体现出立体感。这一技法与印度阿旃陀石窟第 2 窟、第 17 窟等窟中的壁画人物完全一致，表明是来自印度的画法。在新疆的克孜尔石窟也采用了同样的技法，所以，也称"西域式晕染法"（图 5-24）。

【25】张彦远：《历代名画记》卷2，人民美术出版社，1964年。

【26】许嵩：《建康实录》卷17，中华书局，1986年。

图5-23　菩萨　莫高窟第285窟北壁　西魏　　　　　　图5-24　尸毗王本生　莫高窟第254
　　　　　　　　　　　　　　　　　　　　　　　　　　窟北壁　北魏

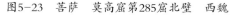

　　画史载隋代画家展子虔、董伯仁、杨契丹等画过法华经变、弥勒变、涅槃变等，而敦煌壁画中也是在隋朝出现了经变画。经变画以建筑或山水为背景，表现佛说法场面或相关的故事场景，人物众多，场面宏大，是以中国式的审美观来表现佛国世界的一种创造。前述画家展、董、杨等都擅长于台阁（建筑画）及人物、风景，表明经变画这一形式建立在建筑画、山水画发展成熟的基础上。经变画的表现形式分为两个类型：一是净土图式经变，主要有阿弥陀经变、观无量寿经变、药师经变、弥勒经变、法华经变等；一是叙事性经变，主要有涅槃经变、维摩诘经变等。唐代以后的石窟中通常都在左右两侧壁及门两侧各画出通壁巨制的经变，如营建于贞观十六年（公元642年）的第220窟，在南北壁分别画出大型的西方净土变和药师经变，体现着以净土世界为中心的经变画发展成熟；第172窟的观无量寿经变，以华丽无比的宫殿楼阁表现佛国世界，表现极乐世界的亭台楼阁反映了唐代宫殿建筑的宏伟气势。画中的菩萨个个体态优美，面含笑意，有的身体前倾，有的合掌低头，有的仰首注视，有的抱膝冥想。动态自然，韵味无穷。第33、第445等窟的弥勒经变，主要是描绘未来佛弥勒的净土世界。叙事性经变中，维摩诘经变通常对称地表现维摩诘与文殊菩萨论辩的场景，在下部还分别画出中国帝王和各国王子听法的场面，情节集中，人物性格鲜明，第220、第335、第103等窟的维摩诘经变就是典型的代表。涅槃经变表现佛涅槃前后的情节及世俗信众举哀的场面，代表性的有第332、第148、第158等窟。经变画表现出完美、丰富的净土世界，使佛教的理想境界变得具

体可感。虽然经变画表现的是佛国之境，但这些建筑、山水则是人间的风景，壁画中表现的生活场景正是当时社会生活的写照。经变画反映了中国人对风景审美的需要，而这种审美风气又促使画家对空间进行探索，形成了中国画空间处理的表现规律和技法特色，也形成了有别于印度的中国式佛教绘画艺术。据画史所载，隋唐画家展子虔、杨契丹、吴道子、郑虔、毕宏、张璪均擅长经变画，并在长安、洛阳的大量寺观壁画中留下了他们的作品。而唐代长安、洛阳寺院中那些不同名目的经变画，在敦煌壁画中均可看到，从中我们也可以了解隋唐时代中原经变画的盛况。

初唐画家阎立德、阎立本兄弟以人物画见长，阎立本的传世作品有《步辇图》《历代帝王图》和《职贡图》等。其中《历代帝王图》（美国波士顿艺术博物馆藏）与敦煌初唐第 220 窟东壁、第 335 窟北壁的维摩诘经变中的帝王图中人物形象风格、服装规范等方面非常一致（图 5-25、图 5-26）。阎氏兄弟在初唐宫廷中长期担任负责建筑与装饰的官员（将作大匠），阎立本后来提升为右相，参与国家大事[27]。所以阎氏的绘画风格在全国范围内产生了较大的影响。而阎氏风格不仅仅在于帝王图，更

图5-25　阎立本《历代帝王图》（局部）波士顿艺术博物馆藏

在于人物画的写实性表现上，在初唐壁画中，画家们以写实精神表现出真实而富有个性的人物形象。如第 57 窟南壁说法图中以佛为中心，周围的弟子、菩萨、天王等僧众达十五六身，除了主尊的佛像及两侧的弟子、菩萨以外，大部分人物仅露出头部。菩萨均面向观众，左侧的菩萨头戴化佛冠，项饰璎珞，身体修长而略呈"S"形弯曲，一手上举，一手托花配合着微微低下的头，以及那白净而透出红润的面庞，表现出一种娇媚的神情（图 5-27）。旁边的佛弟子阿难则注目远视，好像沉浸在佛国世界的想象之中。身后的几身菩萨也刻画得十分娇美，画家着意刻画了她们的眼神，虽说大都侧着头，但总有回眸顾盼之姿，或矜持，或柔媚，或若不经意。唐代高僧道宣说："造像梵相，宋齐间唇厚、鼻隆、长眉、颐丰，挺然丈夫之相。至唐以来，笔工皆端严柔

【27】《旧唐书》卷81，列传第27（阎立德附弟立本传），北京：中华书局，1974年。

图5-26　帝王图　莫高窟第220窟东壁北侧　初唐　　　图5-27　菩萨　莫高窟第57窟南壁　初唐

弱似伎女之貌，故今人夸宫娃如菩萨也。"[28]说明了唐代绘画的成熟，画家以中国式的审美方法来表现佛像，去掉了印度传来的那种唇厚、鼻隆以及"三道弯"等特点，以现实生活中的美女来表现佛教的菩萨，使佛、菩萨的形象充满了人间气息。

　　盛唐时期李思训、李昭道父子开创了青绿山水画，以青绿重色表现出富丽堂皇的气象，深受时人喜欢。李思训官至右武卫大将军，人称"大李将军"，而把他的儿子李昭道称为"小李将军"[29]。唐代的评论家说李思训为"国朝山水第一"[30]，可惜他的山水画真迹已经不存，台北故宫有传为李思训的《江帆楼阁图》和传为李昭道的《明皇幸蜀图》，都是后人临摹品。但在敦煌壁画中却有不少青绿山水画面，为我们了解李思训一派山水画的原貌提供了真实的依据。莫高窟盛唐第217窟、第103窟、第148窟、第172窟等窟都有不少青绿山水画的作品，从中我们可以看出李思训画风的特色。

　　第217窟南壁的山水图景主要表现了四组山峦（图5-28）：左侧一组山峰刻画颇细，以石绿和浅赭相间染出，峰峦上的树形除了沿用过去那种装饰性的树形外，又相应地描绘了树的枝叶细部，还画了许多悬垂的藤蔓。右侧是潺潺的流水。中部

【28】《释氏要览》卷2，《大正藏》，第54册，第288页。
【29】张彦远：《历代名画记》卷8，北京：人民美术出版社，1964年，第180页。
【30】朱景玄：《唐朝名画录》，成都：四川美术出版社，1985年。

图5-28　青绿山水　莫高窟第217窟南壁　盛唐

是一组平缓的山丘，与左侧的山崖相映成趣，用很单纯的笔法勾描，平涂石绿色并刻画了不同的树木，花开烂漫，一片春色。右上一组山最引人注目，飞流而下的瀑布，虽已变色，但仍使人感到充满生意，仿佛点睛之笔，是画面中最传神之处。左上部的远景，尽管不如前面几组富有特色，但在画面的构图上是必不可少的，它把左侧的近景山崖与右侧一组山峦有机地联系在一起，在两组山崖之间还画出一行大雁飞向远方，使山水显得较有纵深感。

　　第103窟南壁的山水画内容与第217窟相似，但在构图上有所不同。上部远景中，绘一群人从右向左前行，前面一人牵着大象，大象驮着很多行李；后面一人戴风帽，骑着毛驴，像一个贵族妇人，身后又有两人步行跟随。下部描绘近景山水，左侧是一座险峻的悬崖，上面垂下青藤翠蔓，岩石间一道山涧凌空流下。崖下是曲折的河流。与左侧的悬崖相对，右侧也是一座高耸的山峰，山脚下旅行的人们在这里休息。这一景色成了画面的主要内容，经变画本来的图解佛经内容的意义淡化了，而倒像是一幅完整的山水画，是唐代青绿山水画的代表作品。

　　第172窟东壁北侧文殊变上部山水图中共画出三条河流，由远而近流下，在近处汇成滔滔洪流。左侧是一组壁立的断崖，中部是一处稍低矮的山丘；画面右侧是一组山峦，沿山峦一条河流自远方流下，近处则表现出汹涌的波浪，远处河两岸的树木越远越小，与远处的原野连成一片，表现出无限辽远的境界。河流的表现令人瞩目，特别是表现出汹涌澎湃的波浪，极有气势（图5-29）。细看画中的水波，可见画家在色彩晕染中有意表现出水中反射的波光，可知唐朝画家已掌握了光与色的表现技法。

莫高窟第103窟的维摩诘经变中的人物描绘，体现了盛唐人物画的最高水平（图5-30）。此窟东壁南侧绘维摩诘坐于帐内，身体前倾，手持麈尾，目光炯炯，嘴唇微启，仿佛正与文殊论辩的样子。这一人物形象虽然在很多洞窟都有表现，但在此铺壁画中，画家强劲的线描，把人物神情姿态表现得如此鲜活，十分难得。人物面部的轮廓及衣纹的线条充满韵律，包括表现胡须的细线，似乎都与人物的精神密切相关。显然画家对自己的线描笔法极为自信，为了突出线的韵味，除了衣服上有赭色、黑色和绿色染出外，身体大部分都不用色彩。与维摩诘相对的文殊菩萨则是神情安详，右手持如意，左手伸出二指，表现出从容对谈的姿态。如果说维摩诘的描绘上显示出一种强烈外张的力量，那么文殊菩萨的形象则要松弛得多，安静、从容似乎更符合菩萨的个性。而这一张一弛，在对称的画面中，也达到一种平衡。在维摩诘下部的外国人物与文殊菩萨下部的中国帝王及大臣形象，同样也构成一种对比。外国人物排在前列的都是半裸的身体，仅着短裤，肌体外露。由于服装不统一，画面相对来说结构较松；而中国帝王及大臣们都衣着整齐，华丽的服装、衣纹形成了有规律排列的线条，在视觉上造成一种紧密的气势。这一紧一松的对比，与上部两位主角

图5-29　山水　莫高窟第172窟东壁　盛唐　　　图5-30　维摩诘经变　莫高窟第103窟东壁　盛唐

的对比相呼应，使画面构成疏密相兼、松弛结合，层次丰富而完整。

这种以线描造型为主，在画面中造成完整气势，具有感染力的人物画，令人想到唐代画家吴道子的风格。盛唐时代，吴道子在当时长安和洛阳一带的寺院中画了大量的壁画，其中如地狱变等绘画"笔力劲怒，变状阴怪，睹之不觉毛戴，吴画之得意处"[31]。据说许多屠夫渔民见了长期都不敢再从事屠宰的行当，说明其感染力是很强的。而吴道子创造了兰叶描的技法，"其势圆转而衣服飘举"，即所谓"吴带当风"。这种线描的特点在于"用笔磊落"而富于变化，能表现完整的气韵。由于吴道子的线描水平极高，他常常画完线描，让弟子们上色，而弟子们不敢覆盖了他的线描，常常用淡色，以突出他的线描。吴道子因他的杰出艺术而被称为"画圣"。可惜1000多年之后的今天，长安、洛阳的唐代寺院都没有保存下来，吴道子的作品我们也就无从得见。而在敦煌壁画中，如第103窟维摩诘经变这样的人物画风，却反映出类似吴道子的风格。在那个丝绸之路交往频繁的时代，出于佛教寺院与石窟营建的需要，必然存在长安、洛阳等地的画家到敦煌作画，或者敦煌的画家到长安学画之后，回到本地作画的情况。没有文献记载过吴道子到敦煌作画之事，但是吴派的画家，或者受吴派影响的画家到敦煌作画的可能性还是有的。

吴道子画风的意义在于：线描不仅仅是用以造型的技法，线描本身的力量、流动之美也表现着一种气韵和精神。除第103窟的人物画外，第199窟的菩萨形象，第158窟南、北壁表现涅槃经变中的弟子及各国王子，人物神态生动，线描流畅而遒劲，色彩相对简淡，正是吴道子一派的人物画风格。唐代第39窟、第172窟、第321窟、第320窟等众多洞窟中的壁画飞天形象，表现飞天轻盈的体态，流畅而飘举的衣饰飘带，也体现了"吴带当风"的气韵。

莫高窟第130窟甬道南北两壁保存了晋昌郡都督一家的供养人像。北壁为晋昌郡都督乐庭瓌及三个儿子的供养像，乐庭瓌手持长柄香炉虔诚向佛，头戴幞头，身着圆领长袍，腰系革带，足踏乌靴。前面两个儿子身着褐色圆领袍，持笏而立，小儿显然还未成年，穿白色圆领袍，双手合十而立。后面侍从四人各持物跟随在后。南壁为都督夫人太原王氏及女眷的供养像，夫人着华丽的红花长裙，肩上有帔帛，双手笼在袖中抱持香炉。身后女儿十一娘双手持花紧随其后，次女十三娘双手笼在袖中，她头上一枝凤形步摇引人注目（图5-31）。身后的侍女达九人。这两组供养图中，主要人物形象的高度均超过2米，乐庭瓌及儿子的供养像体现出一个地方官员的气势，都督夫人供养图中一家人华丽的着装，雍容的气质，体现了唐代贵族的风度。像这样规模较大的供养人像在唐代前期洞窟中并不多见，盛唐洞窟如第45窟、第217窟

【31】段成式：《寺塔记》卷上，人民美术出版社，1964年。

图5-31 都督夫人供养像（段文杰临摹）莫高窟第130
窟南壁 盛唐

图5-32 女供养人（李其琼临摹）莫高
窟第9窟 晚唐

等窟的经变画中，可以看到类似的人物表现。如第45窟南壁观音经变中就有形象丰盈的妇女，而北壁观无量寿经变的未生怨故事中的韦提希夫人的形象，也是唐代贵族妇女的形象特征。第445窟北壁弥勒经变中表现妇女剃度的场面，也可看到丰满型的妇女。晚唐时期如第156窟、第196窟的供养人都画在甬道两侧，人物形象高大，表现出雍容华贵的气象。第9窟的供养人中有一妇女左手上停一鹦鹉，右手正在与鹦鹉戏玩（图5-32），表现了当时贵族妇女闲适的情调，正与传为周昉的《簪花仕女图》中人物情趣一脉相承。

　　周昉的人物画，当时称为"周家样"。画史上将周昉与曹仲达、张僧繇、吴道子并举，称为人物画"四大家"。然而第130窟的营建时代为开元九年至天宝初年（公元721年–746年），周昉活跃于画坛则是在大历至贞元年间（公元766年–805年），莫高窟第130窟的壁画比周昉的时代为早。画史又载，周昉"初效张萱画，后则小异"[32]。张萱于开元天宝年间供职于内廷，也就是成为了宫廷画师。画史对张萱的记载较简略，但大体

【32】张彦远：《历代名画记》卷10，北京：人民美术出版社，1964年，第201页。

都强调他善于画妇女和儿童。《唐朝名画录》说："画士女乃周昉之伦，其贵公子、宫苑、鞍马，皆称第一。"张萱的作品今已不传，但有北宋摹本《虢国夫人春游图》与《捣练图》传世，这两幅作品虽为宋人摹写，但从中仍然可见唐朝人物画风采。考虑到周昉曾效仿过张萱的绘画，说明周昉与张萱风格相似。第130窟的时代与张萱时代吻合，都督夫人供养人像体现了当时中原地区流行的张萱仕女画风。从张萱到周昉，唐代的人物画表现出体态丰满、雍容华贵的特点。而作为佛教绘画中独树一帜的"周家样"，恐怕也正是把这种世俗的人物画引进了佛教绘画中，形成了新的佛教壁画的时尚。

结合画史来看，"周家样"对于佛教绘画的意义就是用中国式的审美精神来创作佛教艺术。这是佛教艺术的进一步中国化。从敦煌壁画的人物造型来看，早期的壁画中，佛像、菩萨像、天人像等与世俗的供养人像有很大的区别，不光是形象不同，连画法也不同。而到了唐代后期，佛、菩萨、天人的形象与世俗人物的区别越来越小，把菩萨、弟子等形象画成与普通中国人没有两样。佛教艺术的这个转变过程中，从阎立德、阎立本兄弟到吴道子、张萱、周昉等画家，都曾起过重要的作用。

敦煌壁画在延续了1000多年的艺术创作中，不断地创作出适合于中国民众欣赏的佛教艺术，不论是佛像画还是故事画、经变画等，不同的时代具有不同的风格特征，同一时代，也往往存在着画家的差异，体现出不同的特色，反映了中国古代艺术的丰富的创造力。在中国内地寺院遗迹存在极少，而唐代以前的绘画作品极为罕见的今天，敦煌艺术成为我们认识中国古代绘画艺术的重要依据。壁画中为数众多的栩栩如生的形象，依然感动着千百年后今天的人们。

第四节　藏经洞出土绘画

除了敦煌石窟壁画外，敦煌藏经洞还出土了大量的绘画作品，这些作品主要分为两个方面，一是古代的画幡，或绢本、布本、纸本的绘卷，有的学者把这类作品称为藏经洞遗画。这部分绘画品，被斯坦因掠走的有520余件，分别收藏在大英博物馆和印度新德里国立博物馆；被伯希和掠走的有232件，现藏巴黎吉美博物馆；奥登堡掠走的约100件，现藏艾尔米塔什博物馆。另有一些散见于国内外人中。二是在大量的敦煌写本文献中包含的部分绘画品，包括佛经文献的插图等。这部分作品散见于英、法、俄及国内各地收藏的敦煌文献中，总数约为600多件。前者是独立的绘画品，主要以绢、丝绸、麻布、纸等材料绘成，包括用来悬挂于室外的幡或张挂于室内的画卷。内容主要有尊像画（包括佛、菩萨、佛弟子、罗汉、天王、力士等）、经变画、曼荼罗（梵语，汉译为坛城或道场，其意为本尊、佛、菩萨和周围的眷属等聚集的场所）、动物画、世俗人物像等等。时代较早的为初唐，最晚的为宋代。虽绘画的主题与敦煌石窟壁画中流行的题材一致，但由于绢画为独立画面，在画法、结构等方面有自身的特点，且绢、纸等材料与壁画不同，在线描、色彩晕染等方面表现得更为细腻精致。如绢画《树下说法图》（英藏Ch.liii.001）为初唐作品，中央的佛陀着朱红袈裟，结跏趺坐，两侧分别有胁侍菩萨、弟子等。画面色彩艳丽，线描流畅，表现人物肌肤的凹凸晕染法清晰可见，对于了解唐代绘画艺术具有重要价值。又如绢画《行脚僧像》（图5-33，法藏EO1141）表现一位行进中的高僧形象，人物及衣饰描绘细腻，笔法刚劲有力。绢画《华严经变》（MG.26465）高286厘米、宽189厘米、气势宏伟，是绢画中的巨制。画幅《引路菩萨》（图5-34，Ch.lvii.002），表现的是死者的灵魂在菩萨的引导下进入天国的景象。这样的内容是壁画中较少见的，这类绘画与敦煌壁画具有互补的意义，共同构成了敦煌艺术的辉煌成就。第二类绘画品中，包含有一部分绘画设计或练习的画稿，还有刺孔的粉本，如英藏纸本《佛像画》（Ch.xli.004号），沿佛像及背光的线条部分刺小孔，这是古代用于传摹的粉本，在所刺小孔上扑色粉，即可把一个图样拷贝到墙上或另一张纸上。这些粉本为我们研究古代绘画的画稿

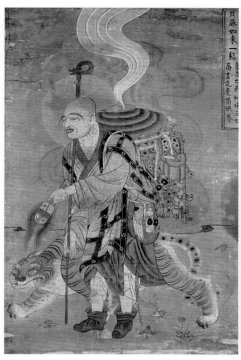

图5-33　敦煌绢画《行脚僧像》　吉美博物馆藏　图5-34　敦煌绢画《引路菩萨》　英国博物馆藏

提供了珍贵的资料。敦煌绘画作品中还有不少版画作品，其中一部分为雕版印刷佛经的插图，如唐咸通九年（公元 868 年）印制的《金刚经》引首部分就是一幅《祇树给孤独园》的版画，画面中央为佛结跏趺坐，佛身后有弟子、菩萨、天王等众胁侍，画面左下角有一佛弟子合十跪在佛前，身后有榜题"长老须菩提"。版画表现的是须菩提向佛请教，佛为众人说《金刚经》的缘起。构图上继承唐代经变画的特点，又进行了适合于佛典插图的改造。五代、宋时期，敦煌出现了大量的观音菩萨、文殊菩萨、毗沙门天王的版画，均为曹氏家族雕版印制，反映了当时敦煌地区版画的成就。

第五节　敦煌写本书法

敦煌具有浓厚的书法传统，东汉时期，敦煌人张芝擅长草书，被誉为"草圣"。王羲之、张旭等书法家都非常推崇张芝，宋代编《淳化阁帖》中收入张芝作品《月仪帖》等五件。西晋时期敦煌人索靖，为张芝姊之孙，也在书法上有很高的造诣，善写草书，尤精章草，有作品《出师表》《月仪帖》《急就章》等传于后世。索靖平生著述颇丰，著有《草书状》一篇，对书法演变、风格、气韵、用笔及章法等作了全面精辟的论述，至今仍有一定的指导意义。他还著有《五行三统正验论》1 卷、《索子》《晋诗》各 20 卷，现已失传。

敦煌藏经洞出土的大量文献中也保存了不少珍贵的书法作品，如唐人临王羲之《十七帖》残叶，共有三件，巴黎藏一件，为《旃罽帖》（P.4642）（图 5-35），伦敦藏有《瞻近》《龙保》二帖（S.3753）。字型结构等方面与传世本稍有差异，与传世本相对照，便能够更全面地理解书法大师王羲之的真实面貌。还有几件唐代拓本，包括唐太宗书《温泉铭》（P.4508）、欧阳询《化度寺塔铭》（P.4510、S.5791）、柳公权《金刚经》（P.4503）。唐朝流传至敦煌的法帖，其拓本距刻碑时间相隔不久，更真实地反映了原作的精神。

敦煌写卷时代最早的是东晋，最晚为北宋，其间每个时代都有相当多的写本保存下来，这些不同时代的写本，完整而系统地展示了 600 多年间书法艺术发展的历史。敦煌写本中正、草、隶、

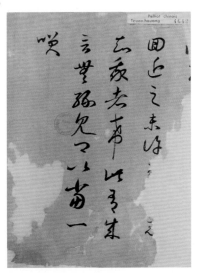

图5-35　唐人临王羲之《十七帖》
法国国家图书馆藏

篆各体皆备，正（楷）书是最多的。早期写本有部分为隶书，有的楷书也带有明显的隶书笔法，反映了由隶入楷的过渡特征。汉末至魏晋南北朝时代，是中国书法的一个剧烈变革的时代，书法由隶书为主逐渐变为以楷书为主。这时期产生了钟繇、王羲之、王献之等一些对书法史具有重大影响的书法家。在他们的影响下，以建康为中心的南方，书法艺术得到空前发展；而北方的书法则在缓慢地接受南方的新风格，体现出一种过渡时期的纷繁局面，敦煌早期写卷书法正反映了这个时代的变化。隋唐书法艺术以首都长安为中心，汇集了大量优秀的书法家，隋唐之际的欧阳询、虞世南、褚遂良、薛稷，盛唐之时的颜真卿、柳公权等书法都曾对全国产生过深远的影响。而远在西北的敦煌，同样也出现了类似风格的书法作品。隋唐时代的写经大多为规范的正楷书法，但也有部分写本以草书写成，为我们了解唐人草书提供了丰富的作品。初唐时期，由朝廷组织宫廷写经机构，抄写佛经，颁布于全国各地，敦煌也保存了一定数量的宫廷写经，如写于咸亨二年（公元 671 年）的《妙法莲华经》（S.5319）、写于咸亨三年（公元 672 年）的《妙法莲华经》（敦博 055 号，图 5-36）等，这些写经在卷末除了写经、校经诸人题名之外，还有"行大中大夫少府少监兼检校匠作少匠永兴县开国公虞昶监"的题记。虞昶是大书法家虞世南之子，说明当时朝廷对写经之事极为重视，而这些宫廷写经传播于各地，也极大地促进了地方书法的发展。敦煌藏经洞保存了相当数量的宫廷写经，也说明了敦煌与中原文化的密切关

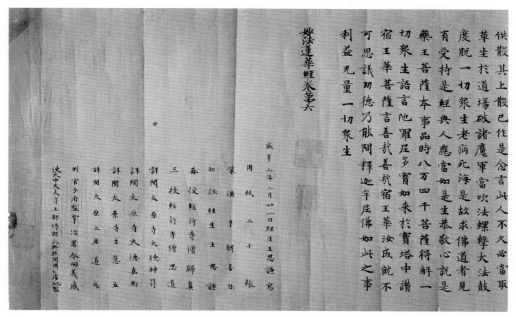

图5-36　敦煌写经《妙法莲华经》　　敦煌市博物馆藏

系。而在佛教发展的刺激下，大量写经的出现，在书法上也形成了一种特殊的形式，就是"写经体"，主要指结构严谨、书写工整的小楷书法。但从敦煌六朝至宋代的写经来看，各时期的写经往往与当时的书法发展一致，说明写经体不是一成不变的形式。

抄写佛经对于信佛的人来说，是一种功德，因此古代的善男信女们要抄写很多佛经，送到寺院里。那些文化水平很低，或者不善于书写的人，就只好请人代为抄写。于是，一种专门写经的职业就兴起了，这就是"写经手"，也叫"写经生"。北魏晚期敦煌地方官府也雇用一些写经的人，称为"官经生"。现存的写经中就有官经生张显昌、曹法寿、令狐崇哲等抄写的佛经，而令狐崇哲又有"典经帅"的职务，可能是负责官府写经的人物。当时写经生抄写完毕后，还要经过"校经道人"和"典经帅"的审阅，说明官府写经有一定的规范。初唐时期，朝廷还组织写经机构，进行大规模的写经活动，并有更严格的抄写和审校制度，写卷的尾题除了抄写人姓名外，还有"装潢手""详阅""初校""再校""三校"以及负责写经的朝廷官员署名，如前述虞昶就负责宫廷抄经的事业。写经生是以抄写为职业的，在书法艺术上必须达到一定的水准，另外还必须满足人们的审美时尚。所以，大多数写经反映出那个时代的审美精神，而敦煌发现的唐代宫廷写经，反映了当时中原书法的风格与水准，对于我们认识书法艺术发展的历史，具有重要意义。

第六节　音乐舞蹈

敦煌壁画展现了公元4世纪至14世纪丰富的音乐舞蹈形象，藏经洞出土文献中也有不少珍贵的音乐舞蹈资料，为我们了解古代音乐舞蹈提供了翔实的证据。佛教认为音乐舞蹈也是供养佛的一种方式，所以寺院和石窟艺术就有很多音乐舞蹈的形象。在很多佛教的活动中，诸如法会、行像以及佛教节日，都会伴随着音乐舞蹈的表演。敦煌早期壁画中，音乐舞蹈形象多见于天宫伎乐的画面中，其构图样式受龟兹壁画的影响，通常在四壁的上部接近窟顶的地方绘出表现天宫的建筑形式，在圆拱顶或汉式楼阁内，各有一身天人在演奏乐器，或作舞蹈状，这就是天宫伎乐（图5-37）。

隋唐以后经变画流行，经变中也常绘音乐舞蹈形象，以表现对佛的供养。这时的音乐舞蹈形象与龟兹壁画和印度壁画雕刻中的乐舞有很大差别，一是人物面貌都画成了中国人的形象，二是在服装上也有很大的不同，是中国式的乐舞伎形象，较真实地反映了隋唐时代中国音乐舞蹈发展的盛况。如无量寿经变、阿弥陀经变、观无量寿经变、药师经变等在表现佛国世界的场面中，画出大规模的乐队和舞伎的形象。乐舞场面的基本形式是中央有舞伎起舞，两侧有乐伎伴奏。乐队人数少则七八人，多

图5-37　天宫伎乐　莫高窟第288窟西壁　西魏

则二三十人。如第 148 窟东壁观无量寿经变的乐队人数达 30 人，是乐队人数较多者。根据对壁画中乐队配器的调查，学者认为敦煌壁画中的乐器显示出唐代十部乐中的"西凉乐"的特征。据《旧唐书·音乐志》记载，西凉乐有"钟一架、磬一架、弹筝一、搊筝一、卧箜篌一、竖箜篌一、琵琶一、五弦琵琶一、笙一、箫一、筚篥一、小筚篥一、笛一、横笛一、腰鼓一、齐鼓一、檐鼓一、铜钹一、贝一、编钟今亡"[33]。如果对照初唐第 220 窟药师经变画乐队的乐器配置，除了无钟、磬，却有方响，其他各种乐器都有，鼓的种类更多，总的演奏人数达 27 人，"西凉乐"的大部分乐器都具备（图 5-38）。壁画较真实地反映了当时的音乐演奏信息。敦煌壁画中的乐器，涵盖了打击乐器、弦鸣乐器、气鸣乐器等所有传统乐器的类型，可以说是一个古代乐器的形象博物馆。气鸣乐器，有横笛、凤笛、异形笛、竖笛、筚篥、排箫、笙、角、贝、埙等；弦鸣乐器，有琵琶、阮、弯颈琴、琴、筝、箜篌；打击乐器，鼓就包括腰鼓、答腊鼓、羯鼓、齐鼓、

图5-38　伎乐　莫高窟第220窟北壁　初唐

【33】《旧唐书·音乐志》，第1068页，中华书局，1974年。

鸡娄鼓、手鼓、扁鼓、节鼓、羯鼓、大鼓、军鼓等，此外有方响、拍板、钟、锣、串铃、金刚铃、铙、钹等。有的是过去见诸文献而没有实物流传下来的，有的则是与传世的乐器有所不同的，这些都丰富了我们对传统音乐的认识。

从敦煌壁画中的舞蹈形象，可看到有巾舞、鼓舞、琵琶舞等舞蹈形象。如盛唐第172窟北壁观无量寿经变画中，二人持长巾起舞，一人画成正面，一人为背面，两人均双手持长巾上举，长长的巾带绕过舞者的背部，从双臂而下，而随着舞蹈动作，上下回环，使长巾形成美丽的弧线，增强了舞蹈的表现力。同样的双人舞在第148窟东壁观无量寿经变中也有表现，也是一人为正面，一人为背面，舞者所持长巾已形成一个个圆圈，显示舞蹈动作十分急速（图5-39）。

胡旋舞、胡腾舞、柘枝舞都是多见于唐代史籍同时也常常被唐代诗人们吟唱的舞蹈。白居易诗篇《胡旋女》中对胡旋舞有生动的描述：

> 胡旋女，胡旋女，心应弦，手应鼓。
>
> 弦鼓一声双袖举，回雪飘飘转蓬舞，
>
> 左旋右转不知疲，千匝万周无已时。
>
> 人间物类无可比，奔车轮缓旋风迟。[34]

在敦煌唐代第220窟北壁药师经变中有两组舞蹈，均为二人一组。东侧一组两名舞伎各站在一个小圆毯上，双臂分开，手执长巾，巾带飘举，呈现急速而轻盈旋

图5-39　舞伎（万庚育临摹）　莫高窟第148窟　盛唐

【34】白居易：《胡旋女》，《全唐诗》第426卷，第4692页，中华书局，1960年。

转的舞姿。而同窟南壁无量寿经变也是两名舞伎对舞，均单足站在小圆毯上，作"吸腿"之势，双臂一上一下，挥动着彩巾，动作富有韵律。类似的两人对舞在第172窟、第148窟等窟壁画中也能看到。

胡腾舞本来出自西域的石国，以左右跳跃腾踏为特征，舞者多为男子。唐李端《胡腾儿》诗云：

> 胡腾身是西凉儿，肌肤如玉鼻如锥。
> 桐布轻衫前后卷，葡萄长带一边垂。
> 帐前跪作本音语，拾襟搅袖为君舞。
> 安西旧牧收泪看，洛下词人抄曲与。
> 扬眉动目踏花毡，红汗交流珠帽偏。
> 醉却东倾又西倒，双靴柔弱满灯前。
> 环行急蹴皆应节，反手叉腰如却月。[35]

从相关资料来看，胡腾舞具有急速蹲跳、环行腾踏、扬眉动目、反手叉腰等动作特点。在敦煌壁画中也可找到类似的舞姿。如第112窟（中唐）北壁报恩经变中的舞者双手抱拳向上，左腿单立，右腿提起好像是要向下用力踏下（图5-40）。第286窟（中唐）南壁经变画中的舞者双手持带上举，左腿着地，右腿提起做出腾踏的样子。五代的第98窟、第61窟等壁画中也有类似的舞蹈形象。

柘枝舞也传自中亚的石国，多为二人对舞，帽上饰金铃，在舞蹈时会发出有节奏的声响。唐人章孝标有《柘枝》诗：

> 柘枝初出鼓声招，花钿罗衫耸细腰，
> 移步锦靴空绰约，迎风绣帽动飘飘。
> 亚身踏节鸾形转，背面羞人凤影娇，
> 只恐相公看未足，便随风雨上青霄。[36]

从相关文献来看，柘枝的特点是舞蹈的节奏感很强，从壁画中还很难找到头上戴金铃的形象，但柘枝舞注重韵律、节奏强烈的特点，在很多舞蹈场面中都

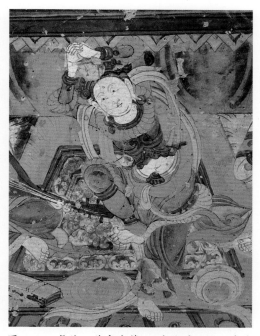

图5-40　舞伎　莫高窟第112窟北壁西侧　中唐

【35】李端：《胡腾儿》，《全唐诗》第284卷，第3238页，中华书局，1960年。
【36】章孝标：《柘枝》，《全唐诗》第506卷，第5755页，中华书局，1960年。

可看到。如第 205 窟北壁的双人对舞；第 320 窟站在莲花上的舞者，右腿单腿而立，左腿高高提起，手势也配合腿的动作，一手上扬，一手向下，两手均持飘带，画面中表现出一种节奏感；第 172 窟、第 156 窟的壁画中还有双人舞者一人打击腰鼓，一人反弹琵琶，通过乐器来加强舞蹈的节奏感。

敦煌壁画中还有一些表现了民间乐舞，这些场景更具有现实意义。乐舞作为一种俗人礼佛的供养，多画在供养人行列之中。如第 297 窟（隋）西壁龛下部画出五人的乐舞形象（图 5-41），前面二人做舞蹈的动作，后面三人分别演奏筚篥、琵琶和笙，为他们伴奏。类似的乐舞供养画面还见于第 390 窟女供养人像行列的后部，有一组 8 人的乐队，一边演奏一边徐徐前行，乐伎均为女性，分别演奏着方响、筚篥、琵琶、横笛等乐器。在经变画、故事画中表现世俗生活场景时，也常常画出一些单独的乐舞场面。如第 445 窟弥勒经变中嫁娶图，在宴饮场面中，有一人穿红衣挥袖起舞。在第 98 窟维摩诘经变中，表现维摩诘入酒肆的场面，也画出一人在酒桌旁起舞，为饮酒的人助兴。

藏经洞出土敦煌文书 P.3808 记录了 25 首唐代乐曲的《敦煌曲谱》，抄于五代后唐长兴四年（公元 933 年），是唐代世俗歌舞音乐的琵琶伴奏谱，也是迄今世上仅存的一套唐代曲谱。经过中外专家们长期的研究，敦煌曲谱已破译成功，使人们可以亲耳聆听绝响千年的大唐音乐。敦煌文书 P.3501、S.5643 为敦煌舞谱，共记录 24 谱，以"令、舞、送、据"等文字来表示舞蹈的节奏和动作的变化，为我们认识和探讨唐代舞蹈艺术提供了十分珍贵的资料。

图5-41　乐舞供养　莫高窟第297窟西壁　隋

第六章 科学技术

第六章

科学技术

中国古代四大发明——造纸术、指南针、印刷术和火药，无疑是辉煌灿烂的中国古代科学技术的集中代表。但中国古代科技成就是多方面的，它遍及科学技术的各个分支，从天文、地理、数学、医学等学科，到建筑、机械、造纸、印刷等领域，无不取得了举世瞩目的突出成就，并且在相当长的历史时期处于世界领先地位，对世界文明作出了杰出的贡献。

敦煌石窟壁画中有许多反映古代科学技术方面的图像资料，画面涉及建筑、度量衡、天文、地理、医学、农业机械、手工业技术等；藏经洞出土写本中也保存了很多珍贵的科学技术文献，主要内容有天文、地理、数学、历书、医书、药方、水利工程与管理等，为我们了解敦煌地区中古时期科学技术的面貌和发展脉络提供了重要资料。限于篇幅，本章所及只能是简要的和提纲式的，并力图撷取要点并以实例说明敦煌文化中科技成就在相应领域的历史地位与价值。

第一节　建筑

中国传统的土木建筑以木质梁柱做骨干的结构所独具的弹性特点，使它具有抗震性强的突出建筑优势，但火患、虫蠹、自然腐朽则又为其主要天敌，从而决定了古代建筑保存的先天局限，因而宋代及以前建筑很少能保存下来。山西五台山佛光寺大殿作为晚唐硕果仅存的佛教建筑孤例已难能可贵，相关建筑及建筑布局则无以觅踪，唐代以前建筑更是难以作想。汉代流行画像石墓及墓葬流行随葬陶、石建筑模型，可见相关建筑造型之一斑，可惜魏晋以后此俗不再。有幸的是，大量北朝尤其是唐代宫殿、寺院、民居、城郭等各类建筑和建筑构件（柱枋、斗拱等）以及建筑施工过程等，在敦煌壁画中被完整地保存下来，它们虽大多被置于云蒸霞蔚的佛国净土背景下，但却是对当时流行建筑的忠实摹写。此外，莫高窟还保存了唐宋木构窟檐 5 座，可与壁画中建筑图像相互参证。以上敦煌壁画中建筑图像的最大价值和意义，在于其承前启后的历史地位，恰可填补北朝至宋代建筑史的空白。

（一）阙

阙，周代本为城上望楼[37]，后用作宫殿正门前对立的高台建筑。宫门前置两阙，可登之远观，故亦称"观"，为实用性独立建筑。《说文解字》曰："阙，门观也。"[38]春秋以降仍两两相对，但已没有"观"的功能，双峙于宫殿、陵寝、祠堂、宅院等大型建筑之前，以衬托主体建筑；或用于家族茔域神道，作为象征性建筑。东汉时期出现阙与大门、围墙合为一体的新造型，两阙间以单脊人字坡屋顶相连（图6-1）[39]。

敦煌石窟中壁画、雕塑中的造型非常丰富，如北凉第275窟南北壁上层列龛所塑之阙不仅继承了东汉阙、门合一的新形式，并且在两阙之旁又设低于大门屋顶的子阙以象征殿阙（图6-2）。

该窟南壁太子出游四门佛传故事画中，城门屋殿顶甚至高耸于主阙之上，成为建筑群的中心（图6-3）。北魏第257窟南壁沙弥守戒自杀品中院门屋顶也高于双阙。

隋代第397窟西壁壁画中正门上门楼高耸，两侧双阙异化为角楼作为陪衬，可谓西周时期"城阙"的回归（图6-4）。晚唐第9窟南壁劳度叉斗圣变中双阙性质的角楼前出，与门楼平面呈凹字形排列（图6-5）。这一排列方式不仅进一步衬托和强调了高大巍峨的城楼的建筑主体地位，前出的阙楼有利于消除作为城防指挥中心的城楼的防御死角，

图6-1 陶楼院——门阙 东汉 纳尔 图6-2 双阙附子阙 第275窟南壁 北凉
逊－阿特金斯博物馆藏

【37】《诗经·郑风·子衿》（中华书局，2006年，第122页）："挑兮达兮，在城阙兮。"

【38】许慎《说文解字》，中华书局，1963年，第248页。

【39】http://art.china.cn／hai wai／2012-01／18／content_4769752.htm

图6-3 城门高于双阙 第275窟南壁 图6-4 城阙 莫高窟第397窟西壁 隋
中层 北凉

图6-5 凹形排列的城阙（角楼）第9窟南壁 晚唐

积极拱卫功能也更加突出；而空间布局上由凹形的平面进退与立体的高低错落的呼应，极大地丰富了建筑群落的整体造型控制，展示了很高的建筑艺术水平。

敦煌壁画中阙的造型，客观展现了汉晋以后至唐代与独立双阙形制并行的门阙形制的真实发展、演化历程；而其"凹"字形的平面排列方式，则奠定了唐代直至明清宫门制度的基本形式[40]，具有清晰完整的演化和模式意义。

【40】如北京故宫午门，仍作"凹"字形排列。

（二）宫殿、宅第与佛殿

中国位于北半球，新石器时代的考古发现和研究表明，黄河流域的原始先民为了抵御严寒，以便冬季阳光射入室内，无一例外地选择了坐北朝南的居住方式，以充分利用日光这一取之不尽用之不竭的自然资源；长江流域居民亦多南向，东南沿海居民则多东南向，以便于夏季接受凉爽的海风。中国历代王朝多定都于黄河流域，因而房屋南向成为约定俗成的正方向，以此为纵轴与派生于礼法规制的东西均衡对称布置相结合所构成的方形或长方形平面布局，成为中国古代建筑和组群的基本模式。

古时宫室泛指房屋建筑，秦汉以降，成为帝王所居之专名；宅第，指贵族、士绅所居。两者"前朝后寝""前堂后室"的中轴平面布局相同，唯规模、数量有别而已。即在纵轴线上先安置主要建筑，再于院子的左右两侧，依横轴线以两座次要建筑相对峙，构成"Π"或"H"形三合院；如在主要建筑对面增置建筑，遂成四合院。当一个庭院建筑不能满足需要时，则采取纵、横向拓展方式构成组群建筑。即依纵轴线在主要院落的前后，布置若干不同平面的庭院；依横轴线在中央庭院的两侧再续纵向庭院，从而形成规模巨大的建筑组群。汉代流行于宅内置"后园"[41]，皇家称"苑"，以供"游宴"[42]。

佛殿虽是宗教建筑，但与非宗教建筑的宫殿、宅第并无本质区别。如建筑结构，均为木质骨干；平面布局，均南北向中轴布置。在功用上，以一正两厢为例：民居称上房，宫殿、佛殿称正殿；厢房，皇宫称"偏殿"，佛寺称"配殿"。如果说有区别，仅在于佛殿供"佛"，宫殿、宅第居人，仅此而已。佛寺，本就源于官舍和宅第。寺，本指官署[43]。佛教入华，初止鸿胪寺，后浮屠所居相沿亦称寺、佛寺[44]。《洛阳伽蓝记》载：建中寺"本是阉官司空刘腾宅"[45]。由此可见三者建筑本身的内在密切关系。

1. 宫殿与佛殿。有西魏大统四、五年（公元538、539年）题记的第285窟南壁五百强盗得眼故事画中绘宫廷建筑，国王坐于高台基歇山顶大殿上，其旁为两层四阿顶的宫城门楼。先秦礼制规定，四阿顶为周王、诸侯所专用[46]。此宫廷建筑群落

【41】《汉书·曹参传》，中华书局，1962年，第2019页。

【42】王朗所上《谏营修宫室疏》，见《三国志·王朗传》，中华书局，1959年，第413页。

【43】《汉书·元帝纪》（中华书局，1962年，第281、282页）载初元二年（公元前47年）甘肃东南部地震，"坏败豲道县（治所在今甘肃陇西东南渭水东岸三台镇乔家门村一带）城郭官寺及民室屋"。颜师古注："凡府庭所在皆谓之寺。"

【44】高承：《事物纪原·僧寺》（中华书局，1989年，第368页）谓："汉明帝于东都城门外，立精舍以处摄摩腾、竺法兰，即白马寺也。腾始自西域，以白马驮经来，初止鸿胪寺，遂取寺名，创置白马寺，即僧寺之始也。"

【45】杨炫之撰、周祖谟校释：《洛阳伽蓝记校释》，中华书局，1963年，第32页。

【46】李如圭：《仪礼集释·士冠礼第一》（《景印文渊阁四库全书》第103册，台湾商务印书馆，1986年，第40页）："周制：天子、诸侯为……四阿之屋；……大夫已下为……两下之屋。"

中甚至门楼也采用四阿顶，则极为罕见。至于国王所处宫殿与宫城门朝向呈90度布置，有悖于"前朝后寝"的传统中轴布局。但联系画面中宫墙的曲折盘转，应系画面布置需要的变通。正如唐人张彦远《历代名画记》评述魏晋画迹时说："详古人之意，专在显其所长而不守于俗变也。"[47]

值得注意的是，敦煌壁画中早期殿堂所表现的一些局部处理方式，如北凉第268窟西壁佛龛两侧画两龛柱，柱身下部作棱柱状，柱头两侧为下漩涡卷的爱奥尼柱式。又如西魏第249窟西披所绘一高台基上歇山顶殿堂，于门前房檐下支一以网格为骨架的仰板，此板应即宋代《营造法式》所载用于门、窗之上属于小木作用以遮阳的"障日版"[48]（图6-6）。前者的意义在于，伴随佛教东传带来的古希腊建筑风格与中国传统建筑模式的交融尝试；后者则因小型木作构件很难保存，壁画形象真实地再现了这一遮阳设施结构和使用方式。这些细部处理虽无关建筑结构宏旨，但对于了解当时曾经存在的某些建筑结构的具体处理方式及特点，具有重要的史料价值。

图6-6　檐下障日版　第249窟西披　北魏

北朝壁画中没有出现完整的佛寺建筑，但这一现象却客观反映了佛教入华之初以浮屠（塔）为中心和象征的建筑模式[49]。北魏第257窟南壁后部中央释迦说法图中，双阙对峙帷幔垂悬的屋殿顶房脊上高耸一塔，则是佛寺逐步纳入中国传统建筑体系的演化象征。北凉第275窟南、北壁上部交脚菩萨居于屋殿顶阙形龛内（见图6-2），表明北朝时期已流行将佛教主尊供奉于汉式殿堂内。北魏杨衒之《洛阳伽蓝记》载宦官刘腾宅改建的建中寺"以前厅为佛殿"[50]，可为这一现象作注脚。

隋代佛寺建筑最初流行在佛殿左右分别并立呈"一"字排列的正向层楼。隋代第423窟人字披顶西披弥勒上生经变绘五开间正殿象征弥勒所居兜率天宫，两旁分别矗立三层内有天宫伎乐的高楼，以象征微妙宝宫"百千楼阁"中"色妙无比""手持乐器"的"百千天女"为弥勒奏乐供养（图6-7）；这种一殿二楼组合格局的建筑意义，与前述汉至北朝时期的殿、阙组合方式具有密切联系（见图6-2），三层的崇楼危阁却并不高于正殿，在建筑布局上展示了明显的与早期殿阙组合的延承演化脉

【47】张彦远：《历代名画记·论画山水树石》，上海人民美术出版社，1964年，第26页。

【48】李诫：《营造法式》，上海商务印书馆，1933年，第155页。

【49】释僧佑：《出三藏记集·康僧会传》（《大正藏》第55册，新文丰出版公司，1983年，第96页）载，三国时，僧会赴吴地弘法："权大嗟服，即为建塔，以始有佛寺。"

【50】杨衒之撰、周祖谟校释：《洛阳伽蓝记校释》，中华书局，1963年，第35页。

络。此后又出现在佛殿两侧构筑相对的配殿并作"八"字形排列的平面布局。如隋代第433窟后部平顶将弥勒上生经变和维摩诘经变图像合而为一，其中弥勒所居五开间歇山顶正殿居中，维摩诘、文殊所居两配殿相对做雁翅状斜列。

初唐时期，佛寺沿袭了传统的正、配殿和正殿与楼阁的组合。平面布局除仍作"八"字形排列外（如初唐第329窟南壁、第331窟北壁的三阁），开始出现呈"品"字形排列和正、配殿间以廊庑相连的新布局。前者如初唐第215窟南壁弥勒经变中的正殿与双阁；后者如初唐第338窟西壁龛顶弥勒上生经变中，正殿与配殿以廊庑相连（图6-8）。廊庑的增设，不仅便于雨雪天主要建筑间的通行，通敞的庑壁还是佛寺壁画的重要载体，史籍中有许多唐代著名画家曾施画于庑壁的记载[51]。

图6-7　一字形排列一殿二楼　第423窟西披　隋

图6-8　连以廊庑的正配殿　第338窟西壁龛顶　初唐

【51】见段成式：《酉阳杂俎·续集·寺塔记》（中华书局，1981年，第245页–263页），张彦远：《历代名画记·卷3》（上海人民美术出版社，1964年，第60页–75页）。

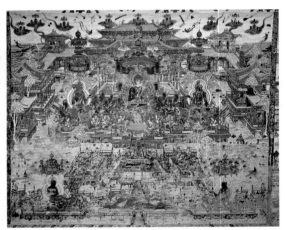

长安大明宫含元殿遗址考古发掘结果[52]和《唐六典·尚书工部·大明宫》含元殿条相关记载表明，唐高宗龙朔三年（公元663年）建成的含元殿，两侧以曲尺形飞廊连接东西配殿翔鸾、栖凤二阁[53]，平面布局呈"凹"字形，形成中庭广场。而敦煌壁画则客观真实地展示了这种"凹"字形正配殿布局的由来。值得注意的是，这种从"品"字形由廊庑连构形成的"凹"字形的布局方式成为唐代及以后宫殿、佛殿布局模式的滥觞肇迹。

在正、配殿组合中，两配殿有两种排列形式：极个别佛寺中配殿与正殿作同向排列，如初唐第215窟正殿与两阁均同向；绝大多数佛寺的两配殿则在正殿两侧与之垂直，作相向排列。

初唐开始，壁画中开始流行在佛寺正殿前安排水池和各种平台。其实际意义为象征西方极乐净土的"七宝池"和"清净香洁味如甘露"的"八功德水"，用以彰显佛教含义。

盛唐佛殿布局的最大变化，在于除前述单院内的佛寺组合外，还出现了纵向前后双院和横向三院的复式佛寺院落组群。盛唐第172窟北壁观无量寿经变中佛寺虽仍单院，但寺院依纵轴布置三座大殿，院落后部两隅设角楼，后殿配殿南北分别加构东西向二层楼阁；而且为了表现佛国净土的八功德水，其配殿及周围透廊均作干阑式（图6-9）。唐高宗李治扩建并建成的唐大明宫，首创以南北中轴线上的含元、宣政、紫宸三殿组成外朝、中朝、内朝格局[54]。第172窟壁画所绘寺院中的三进大殿布局，可以说是其时京都长安最新宫殿模式的反映。

盛唐第148窟东壁药师经变中倒"凹"字形佛寺后，还接续一进后院，在比例上进深小于前院。第148窟南壁上部弥勒经变中的大型佛寺，以正殿所在院落为中心，分别在配殿两侧配置偏院，均以廊庑相

图6-9　大型单院佛寺　第172窟北壁　盛唐

【52】中国社会科学院西安唐城工作队：《唐大明宫含元殿遗址1995、1996年发掘报告》，《考古学报》，1997年，第3期，第354页—358页。

【53】李林甫等撰《唐六典·尚书工部·大明宫》（中华书局，1992年，第218页）："大明宫……正南曰丹凤门……丹凤门内正殿曰含元殿，夹殿两阁，左曰翔鸾阁，右曰栖凤阁（原注：与飞廊相接夹殿）。"

【54】杨鸿勋：《唐长安大明宫麟德殿复原研究阶段报告》，见杨鸿勋：《建筑考古学论文集》，文物出版社，1987年，第235页。又，现存北京明清紫禁城的太和、中和、保和三殿即这种格局的继承和体现。

连，廊庑同时又是院落的围墙三院并列整体呈"凸"字形（图6-10）。

中唐第158窟东壁门南侧天请问经变中的佛寺庭院，中央佛殿与两侧配殿均庑殿顶，由廊庑相连；配殿两端分别续接横院，后院布置殿、阁。正殿无檐墙和山墙。其基本结构为木骨架，立于包砖台基上，木架与屋顶之间之檐使用斗拱结构，斗拱以上施双重椽，屋顶覆青瓦，正脊饰鸱尾（图6-11）。其正殿与西安大雁塔门楣石刻唐代佛殿几乎如出一辙。日本奈良唐招提寺正殿金堂系东渡传道的鉴真法师于唐肃宗乾元二年（公元759年）主持所建，应能代表唐式大殿的真貌。但奈良唐招提寺屋顶比例约占大殿的5/8，且斜脊较直脊脚骧挑[55]，给人以头重脚轻和生硬之感；而敦煌壁画中唐代所绘佛殿则均约占1/3，斜脊呈弧状，整体比例协调、造型优美，飞檐翘角，极显轻盈灵动。

从建筑史的角度我们可以看到，敦煌壁画中大量精美豪华的佛寺建筑的多种完整布局具有极高的学术价值。隋代杨契丹、郑华士以善画齐名，"杨（契丹）则朝廷

图6-10　三院并列大型佛寺　第148窟南壁　盛唐

图6-11　大型佛寺庭院　第158窟东壁南侧　中唐

【55】梁思成：《我们所知道的唐代佛寺与宫殿》，《中国营造学社汇刊》1932年，第3卷，第1期。

簪缨为胜，郑（华士）则游宴豪华为胜。"隋初杨契丹、郑华士应邀在隋都光明寺画佛教画，《历代名画记》载郑华士求杨契丹画本，"杨引郑至朝堂，指宫阙衣冠车马曰：'此是吾画本也。'"[56]可见佛教画中的佛国净土是以京师宫殿建筑群为画本，因而这种敦煌壁画中佛寺建筑群落的布局意义就并不仅限于佛教寺院。

敦煌壁画中的殿堂建筑画面，真实展现了中国古代建筑在中古时期，尤其在隋唐时期建筑发展高峰阶段的演化轨迹，在中国建筑史研究中具有无可替代的史料价值和意义。

2. 民居宅第。隋代第420窟窟顶南披法华经变譬喻品中，一大型宅第院落作前后两门、前堂后室及两厢配置，堂、室均筑于高台基上，前堂顶部为三重檐庑殿顶，后室作重檐庑殿顶，廊庑曲折错落，庭院西北林木葱茏，为供"游宴"的"后园"（图6-12）。画面表现的应是典型的官宦豪宅。值得注意的是，隋代第423窟西披维摩经变中，居士维摩所居之堂为七开间，堂前为曲岸莲池。《晏子春秋》载："景公为西曲潢（《说文》：'潢，积水池也'）。"[57]《楚辞·招魂》称"坐堂伏槛，临曲池些"[58]。第423窟维摩堂前曲池，明显属于先秦时期中国传统园林所流行的"曲池"模式，园景体现了南北朝时期以来园林建筑崇尚自然"景到随机""虽由人作，宛自天开"的园林意境[59]。与唐代净土变中所常见的佛寺前的"方池"[60]所代表的印度园林模式形成鲜明对照。

图6-12　大型宅第　第420窟南坡　隋

盛唐第23窟南壁法华经变中绘一民居宅院。黄土夯筑的围墙为河西走廊地区魏晋时期常见坞壁的孑遗，其间构筑一座由廊庑围合的内院，正房三间，两侧置厢房，南面为倒座，天井内有若干妇女炊煮忙碌，围墙和内院均开门于东南侧（图6-13）。壁画生动真实地再现了具有典型北方民居特征的院落房屋布局以及敦煌地区所特

【56】张彦远：《历代名画记·卷八》，上海人民美术出版社，1964年，第163页。

【57】吴则虞：《晏子春秋集释·上》，中华书局，1962年，第135页。

【58】洪兴祖：《楚辞补注·招魂》，中华书局，1983年，第206页。

【59】计成：《园冶·园说》，崇祯辛未刻本，营造学社，1931年（翻印），第2页。

【60】《佛说大阿弥陀经·宝池大小分第十七》："诸宝池有方四十里者，有方五十里者，有方六十里者。如是展转渐大，以至于方二万四百八十里，若大海。"《佛说无量寿经》称宝池方"或十由旬，或二十三十乃至百千由旬"（分别见《大正藏》第12册，第332页和第271页）。

有的夯土坞墙围护宅院的构筑方式，既具鲜明的地域特点，也有深刻的时代烙印。

（三）城垣

城市是国家产生后的产物。如果说临潼姜寨史前居址人工围壕的设置主要是为防御野兽的侵扰，那么城垣的构筑则主要是不同文化集团相互间防御的需要。而不同利益集团的对立则导致城内筑城，如徐坚《初学记》引《吴越春秋》称："鲧筑城以卫君，造郭以守民。"[61] 即君居宫城（内城）以卫，民居郭城（外城）以守。伴随着不同利益阶层矛盾的强化，筑城以防的功能更为突出并常态化。敦

图6-13　民居　第23窟南壁　盛唐

煌壁画中所绘城市和城郭多系演绎佛教经义需要而出现，因而多具有象征意义，但城郭的基本要素如城垣、城门、城楼、角楼、马面、城堞、护城河濠等设施造型在敦煌壁画北朝至宋代城垣图像中都得到了完整表现。

1. 平面布局。在考古学方面，夏、商和西周的都城尚在探索阶段。考古发掘和文献记载表明，春秋战国时期的都城都以宫室为主体，辅以整齐、对称的官署、道路和各类生产生活建筑规划及城垣、壕沟等防御设施。东周王城基本作正方形。随着都城规模的不断扩大及不能远离水源的客观地理条件限制，在以对称、整齐为规划基本原则的同时，随形就势成为许多城市的平面特点。如临淄齐故城，分大小二城，小城位于大城西南隅。其中小城作纵向长方形，大城东墙依淄河蜿蜒曲折，故呈不规则的方形。

敦煌壁画中所绘城的造型可谓中国古代城池的图像档案，简洁真实地再现了城池的基本布局。

城池，平面多为方形和长方形，在城的四面正中构筑城门和城楼，四隅设角楼，城楼与角楼之间设马面，城墙上设城堞，城外设城濠。城内据壁画主题内容需要设宫室、或民居、或寺院等，华严经变中更以莲花藏世界浓缩了当时流行的城市布局和街衢里坊。

盛唐第323窟南壁东侧上部佛教史迹画中城墙九折，壁画表现隋文帝开皇六年（公元586年）礼请高僧昙延法师祈雨的故事。其事在隋炀帝营建龙首原南大兴城（即

【61】徐坚：《初学记·城郭》，中华书局，1962年，第565页。

隋唐长安城）外郭城之前，因而壁画中九曲之城当以因南北垣折曲向有"斗城"[62]之称的汉长安城为本而绘。由此可见，敦煌壁画中城垣图像具有极高的史料价值。

2. 城门（城楼、门道）。城门由门道和城楼组成，是城郭内外交通的必由通道。城门因可启闭，故成为城垣防护的薄弱环节，因而城楼不仅是出入的标志，还是重要的防护设施，"上可以陈列鼙鼓，下可以禁限中外"[63]；"楼鼓角于正门，以严暮警夜"[64]。可知城楼不仅具有警戒的直接防御功能，还承担着预警、指挥的职责，故又称"谯楼"[65]、"敌楼"[66]。城楼筑于城门墩台顶部，大多为面阔三间、进深两间，大城则面阔五间，城楼四周构栏杆。城楼除五代、宋绘有二层门楼，其余均为一层。文献表明，南北朝时期门楼多达"三重"[67]、"五层"[68]。王溥《唐会要·洛阳宫》载，李世民初平隋东都洛阳，"层楼广殿，皆令撤毁"，宫城正门应天门的二层门楼等"以其太奢"[69]，"使行以仆射屈突通焚"，故门楼一层便成定制。直到宋代汴梁宫城正门门楼仍设一层。

城门门道根据城垣大小可见一至五道。城门门道的多寡是城及城门等级的象征和标志。汉唐长安城遗址考古发掘表明，汉唐都城大多为三道城门。据史籍记载可知，唐代都城城门有五门之例，如《册府元龟·帝王部·都邑》载：高宗永徽三年

（公元652年）"十月修筑京师罗城……明德门一观至五门"[70]。从城楼层数及门道设置可见敦煌壁画中城楼虽多出于经变故事，但晚唐第138窟北壁弥勒经变所绘弥勒所居宫城的五道城门却是当时城制的真实反映（图6-14），因而对于唐宋城门、城楼建筑结

图6-14　五道城门　第138窟北壁　晚唐

【62】汉长安城由于先建宫殿后建城墙及地形限制，致南、北凸凹参差。南北朝地理书《三辅黄图·汉长安故城》谓"城南为南斗形，北为北斗形，至今人呼汉旧京为'斗城'"（中华书局，1985年，第13页），认为是有意仿像星象。现学界亦有学者持此观点（见李小波、陈喜波《汉长安城"斗城说"的再思考》，《考古与文物》，2001年，第4期，第63页—65页）。

【63】韦庆复：《凤翔鼓角楼记》，见《全唐文》，中华书局，1983年，第7390页。

【64】李翱：《泗州重修鼓角楼记》，见《全唐文》，中华书局，1983年，第8442页。

【65】《三国志·吴主传》，中华书局，1959年，第1144页。

【66】《宋史·五行志》，中华书局，1977年，第1425页。

【67】《梁书》记建康"宫城门三重楼"（中华书局，1973年，第51页）。

【68】陆翙：《邺中记》载石虎邺宫"凤阳门五层楼"（上海商务印书馆，1937年，第1页）。

【69】王溥：《唐会要·洛阳宫》，中华书局，1955年，第551页。

【70】王钦若等：《册府元龟·帝王部·都邑二》，中华书局，1960年，第156页。

构、造型的研究具有重要意义。

3. 角楼、马面与城堞。西魏第249窟窟顶西披阿修罗王故事画中，绘一座城池的正面图，城池门楼高耸，四隅设角楼，墙体分布"马面"[71]，其中角楼、马面均凸出于墙体，角楼、马面和城墙顶部均设堞[72]（图6-15）。北魏第257窟西壁须摩提女故事画中的城郭，墙顶与角楼、马面亦边列城堞。据《墨子·备城门》"城四面四隅，皆为高磨撕（楼）"[73]及"备梯""备高临"篇所载，可知先秦时期角楼、马面即已成为城郭的主要设施。长沙马王堆西汉墓出土的守备图中绘有城郭守备设施示意图，上绘角楼及城堞，但无马面。在冷兵器时代，城郭四隅易两面受敌，抵近墙体，则成防御死角；因而角楼、马面的构筑正是为削减敌手攻击力的重要防御措施。城堞的堞体可以防身，堞眼则用于远射，是攻防兼备的的城防设施。但古城湮没，真迹难觅。敦煌壁画中的宝贵的图像资料，使我们得以一睹北朝古城雄姿真容。

敦煌壁画中角楼多为长方形，在有收分的长方形角墩台顶建角楼，角楼一般面阔三间，进深两间，庑殿顶或歇山顶，四周构以围栏；也有方形以及六角形角楼等形式。

图6-15　城垣　莫高窟第249窟西披　西魏

【71】"马面"之制约出于战国，《墨子》"备高临""备梯"篇称"行城""台城"（中华书局，1993年，第838页、845页），唐代称"却敌"（见王徽《创筑罗城记》，《全唐文》，中华书局，1983年，第8309页），宋代始称"马面"（曾公亮、丁度《武经总要》，辽沈书社，1988年，第525页、535页）。

【72】许慎：《说文》（中华书局，1963年，第288页）："堞，城上女垣也。"刘熙《释名·释宫室》（商务印书馆，1939年，第85页）："亦曰女墙。"

【73】《墨子》，中华书局，1993年，第779页。

此外，如果联系盛唐第217窟法华经变化城喻品中西域城砖石筑拱顶城楼、角楼的建筑特点（图6-16），可以看出晚唐第85窟所绘之城角楼作砖木混构六角形穹隆顶（图

图6-16　西域城　莫高窟第217窟南　图6-17　六角穹隆顶角楼　第85窟　晚唐（采自肖默壁　盛唐　　　　　　　　　　　　《敦煌建筑研究》图74）

6-17），具有鲜明的中亚建筑风格，这显然是借鉴吸收异域建筑文化的产物。

（四）沙州故城

敦煌故城位于今敦煌城西的党河西岸，汉武帝元鼎六年（公元前111年），西汉王朝自酒泉郡分置敦煌郡，由匈河将军赵破奴督甘、肃、瓜三州役夫修筑了敦煌郡古城。"城呈长方形……东西宽718米，南北长1132米"[74]，城设四门，护城河深约3米、宽近14米。后历代一直沿用。清雍正三年（公元1725年），因洪水冲毁城东垣，故在党河东岸现在的敦煌市区所在的位置另筑新城。

敦煌悬泉遗址出土的东汉"小浮屠里"木简，虽表明当时佛教文化在敦煌地区的渗透，同时也表明汉代敦煌的城市管理采取与中原相同的闾里制。闾里是植根于古代井田制的自然经济社会的基本组织"邑里"制度在城市中的移植，最初居民五家为一比，五比为一闾，闾筑围墙，墙的四面或两面有供居民出入的门，称"闾"，设"里正"管理，早晚定时启闭，成为对城市居民监管、宵禁、征役的基本管理组织。

唐代两都考古证实，其时西京、东都确实都实施了严格的里坊制度，全城作棋盘式分割，市民居"里"，手工业和商业居"市"，里、市均置于围以高墙的城中之城——里坊[75]，设门管理进出。其本质仍是出于对城市居民的严格控制和管理。里坊和市坊虽被规划得极为规整严谨，但完善的是社会制度中的政治功能，却严重禁锢了

【74】敦煌市志编纂委员会编《敦煌市志》，新华出版社，1994年，第55页。
【75】汉代称闾里，北魏平城始改"里"称"坊"。

城市的经济和生产生活功能。

　　敦煌故城未经考古发掘，不清楚其实际的城内遗迹状况。从唐代一些涉及里、市的敕令及敦煌文献相关记载可知，作为州郡的敦煌亦不脱里坊制的羁绊。晚唐第 85 窟北披华严经变的莲华藏世界中，象征性地表现出唐代城市的街衢通道和里坊城垒。敦煌藏经洞出土文献表明，唐代敦煌，州、县衙府及驿馆均设在子城中。城内主要有六条大街，依街置里坊。如修文、修仁、儒风、释教、兴善、定难、怀安、永宁等坊，其间分布着龙兴、净土、报恩、开元、莲台、大云、大乘、圣光等佛教寺院以及许多私人修建的兰若和佛堂。

　　敦煌开郡以来，素重兴学教育。唐代州学"在州（衙）西三百步"，县学在"州学西连院"。医学在"州学院内，于北墙别构屋宇安置"。

　　盛唐第 217 窟南壁法华经变中，传统的木结构中式民居院落设乌头门，院内修竹半掩、垂柳拂檐，堂屋花砖铺地，上安床榻、后掩屏风，展示了清新典雅的汉地民居生活场景。其旁则为夸张的墩垒式西域院落，院内为穹窿顶砖石建筑，设拱券式门，其前设榻，上铺毡毯，院内怀抱婴儿的胡服居民等或坐或立，其建筑及生活习俗具有典型的西域风格（图 6-18）。中、西式民宅的比邻而居，从一个侧面反映出唐代敦煌城市管理相对来说具有较大的弹性。

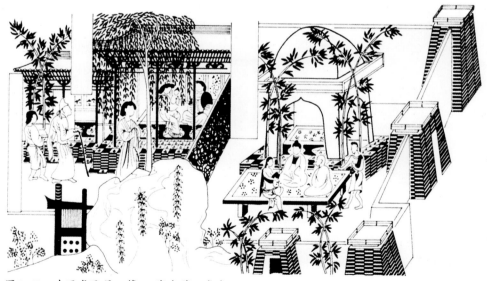

图6-18　中西式民居　第217窟南壁　盛唐
引自《敦煌石窟全集·21·建筑画卷》第 162 页，孙毅华绘

晚唐第9窟北壁维摩诘经变弟子品阿难乞乳故事画中所绘宅院一角，其主院之前加筑一曲尺形过院，过院内外花草修竹点缀其间。如果可以相信此民居宅第是以当时敦煌民居为范本，则在严格的里坊制度下是很难出现这一民居景观的，因坊市街曲严禁"侵街打墙、接檐造舍"及"百姓……种植"[76]。上述壁画图像表明，其时敦煌的里坊制度远不如京都那样严格。而这一背景对于敦煌地区的商贸经营具有重要的积极意义。

敦煌地处丝绸之路要冲，乃东西商品的重要中转市场。"市"内商业店铺林立[77]，各类商品一应俱全[78]。正如 P.3648 写本所云："皱店章店，匝于城市；铎行秸行，溢于廓肆。"东来西往的"般车辽（撩）乱，商客繁稠"(P.3644)。晚唐第108窟东壁绘一庑殿顶酒肆，内置花草屏风，7 名华服客人围桌饮酒并欣赏殿前的舞伎表演（图6-19）。壁画生动地展示了敦煌城内与商品经济伴生的娱乐消费场所。中唐第360窟、晚唐第12窟的露天和帐篷酒肆，应是对应于乡镇、驿站以及交通要道路口等地草市贸易的真实写照。而北朝至五代壁画中大量中西商旅牵驼赶马、翻山越岭、跋碛涉沙的生动画面，以及敦煌文献中大量商贸活动的相关记载，真实再现了隋唐时期敦煌这一国际通都要邑的繁华商业景象。

图6-19　庑殿顶酒肆　第108窟东壁　晚唐

【76】王溥：《唐会要》卷86（中华书局，1955年，第1575页、1576页）"街巷"条。

【77】P.3211《王梵志诗》云："兴生市郭儿，从头市内坐。例有百余千，火下三五个。行行皆有铺，铺里有杂货。"商铺数达"百余千"，可见敦煌商贸市场的繁盛。

【78】P.3644写卷中保存了生动别致、琅琅上口的店家招揽顾客的叫卖辞："某乙铺上且有：橘皮胡桃穰（瓤），栀子高良姜，陆路诃黎勒，大腹及槟榔。亦有莳萝草拨，芜荑大黄；油麻椒粒，河藕弗香；甜甘枣，醋石榴；绢帽子，罗幞头；白矾皂矾，紫草苏方；沙糖吃时牙齿美，饴糖咬时舌头甜。"该铺从零食到药材、从调料到染料、从吃的到穿戴的一应俱全；货物来源既有当地土产，也有外地、外国特产。如矾石为敦煌特产，大黄产自益州（今四川），橘皮产自淮南，诃黎勒、草拨来自波斯，莳萝（古称"洋茴香"，即小茴香）来自印度。仅从此小杂货铺即可见敦煌市场中西商品琳琅满目和交易活跃之一斑。

（五）塔

塔，是梵文"stūpa"（窣堵波）的音译。古印度吠陀时代窣堵波本意是坟冢。公元前 483 年，信徒们造八座窣堵波埋葬释迦圆寂后的舍利，从此窣堵波成为特指的具有纪念意义的佛教建筑，故又依释迦牟尼悟得"正觉"后的名号佛陀（梵文 Buddha）称作浮屠、浮图而成为佛和佛教的象征。随着佛教的传播，窣堵波的修建被视为能获得无量福报的大功德，在佛教所及的区域内广泛修造窣堵波成为常态。两汉之际佛教入华后，传法高僧根据中国古代汉语流行单字词的特点，将多间节的"stūpa"译作"塔"字。而西域地区汉代土塔遗存表明，这一地区流行以土筑塔。许慎《说文解字》称塔为"西域浮屠，从土荅声"，真实地反映了"塔"字的特征和渊源。窣堵波特有的相轮、宝刹等佛教元素迅速与"仙人好楼居"所催生的中国传统建筑中的崇楼巍阁相结合，成为最具有象征性的佛教建筑，也是东西文化交融结合的完美标志。四川什邡皂角乡白果村马堆子东汉墓发现的浮雕浮屠（佛塔砖），是目前所见最早的"轮、刹"与"重楼"相结合的塔的造型和图像。而塔的强烈纪念、象征意义的性质使它得以摆脱实用性在建筑造型和结构方面的限制，因而在建筑材料上或土、或石、或砖、或木、或琉璃以及金银铜锡等，有很多的选择；在造型上则可标新立异、争奇斗巧，大可高逾百米，小则止盈一握，成为中国建筑百花园中特立独行的奇葩。

虽然我国有许多不同时期土质、砖石、木构以及部分金属质地的塔不同程度地保存下来，但就塔的种类之丰富及塔的建构完整性来说，仍然非敦煌壁画莫属。

窣堵波式，中国现存最早的是五台山佛光寺后山唐代砖塔。敦煌壁画中则自北朝到西夏都能看到。如北周第 301 窟北壁所绘窣堵波（图 6-20）。这类塔的造型特征是于基座上置覆钵状塔身，上为相轮和塔刹，这一模式显应"依天竺旧状"。

木构塔，有单层、多层之分。单层塔多方形，坐于仰、俯莲座上，塔身作四角攒尖顶，上承相轮或塔刹。多层塔作楼阁式，有方形、六角形，高者可达七层。如榆林窟五代第 33 窟南壁所绘七重塔，第一至六层为三开间木构，第七层作小型窣堵波式，为史籍所称"上累金盘，下为重楼"[79] 的形象写照（图 6-21）。

北魏第 257 窟南壁中央所绘一"阙形塔"，在屋殿顶上也布置一完整的窣堵波式塔刹。这一仅见的"阙形塔"图像表明佛教入华后塔的结构造型所曾经历的一种选择。中唐以后出现一种塔身呈弧状的密宗曲面塔，中唐第 361 窟北壁弥勒经变中绘一座二层曲面木塔，栏杆、阑额、屋檐均作弧形以与弧形塔柱呼应，这种风格的佛塔在壁画中一直延续到西夏。由于密宗在汉传佛教地区的出现具有很强的阶段性，

【79】《后汉书·陶谦列传》载笮融"大起浮屠寺，上累金盘，下为重楼"（中华书局，1965年，第2368页）。

图6-20　窣堵波　第301窟北壁　北周　　　　图6-21　木构塔　榆林窟第33窟南壁　五代

因而敦煌壁画中的密宗曲面佛塔图像资料对于认识研究其与藏密系统的喇嘛塔的关系提供了重要线索，在中国佛塔建筑发展史上愈显弥足珍贵。

　　砖石塔也可分为单、多层两类。壁画中砖石塔多为窣堵波式。值得注意的是，盛唐壁画中出现类似窣堵波式的砖石塔的覆钵下部内敛，上承相轮，呈典型的喇嘛塔造型，如盛唐第31窟北壁所绘（图6-22）。而这种覆钵下部内敛的造型特征，可上溯至酒泉出土北凉时期的石塔上（图6-23）。现存最早喇嘛塔为北京元代妙应寺白塔，一般认为这一造型来自西藏地区，但西藏地区目前并未发现更早的喇嘛塔遗存。而北凉时期藏传佛教尚未形成，因而以酒泉北凉石塔和敦煌盛唐第31窟为代表的覆钵下敛塔造型的客观存在，及敦煌地区中唐时期为吐蕃所占这一历史背景，对探索喇嘛塔的历史渊源具有重要的启示意义。

图6-22　覆钵下敛砖石塔　莫高窟第31窟北壁　盛唐　　　图6-23　覆钵下敛石塔
酒泉出土　北凉

　　　砖木混合塔，现存主体使用砖石，同时辅以木构的佛塔主要见于江浙一带的宋代遗存，但敦煌壁画中这一构筑方式则见于北魏。如北魏第257窟沙门守戒自杀因缘故事画中的单层墓塔。北魏第254窟萨埵太子舍身饲虎故事画中所绘三层舍利塔，台基、塔身均为砖石构筑，每层塔檐则以木构（图6-24）。北周第428窟的金刚宝座塔为五塔组合，由四座辅塔围构主塔。其木构部分不仅用于屋檐，还在砖石墙内外以木柱和梁枋组成木构架，以加强砖墙及塔体的整体稳固（图6-25）。传统的观点依据《帝京景物略》认为，金刚宝座塔的实例为北京五塔寺（直觉寺），建于明成化九年（公元1473年）。北周第428窟的金刚宝座塔是我国最早的金刚宝座塔图像，它在建筑史上的价值是不言而喻的。

图6-24　砖木混构塔　莫高窟第254窟　　图6-25　金刚宝座塔　莫高窟第428窟西壁　北周
南壁　北魏

（六）斗拱

斗拱[80]是中国木构建筑特有的重要支撑构件，具有很强的装饰性，其结构繁复、形制丰富。就建筑整体而言，斗拱发展演变速度较快，因而往往具有断代意义。唐代极为注重斗拱的结构美和装饰功能。

北朝至隋斗拱比较简单。北魏第251窟檐方拱下壁面绘柱和栌斗，以表现仿木构屋顶。其拱自壁面伸出一跳[81]，该斗拱可能是我国现存最早的木造斗拱图像（图6-26）。

初唐斗拱可分两类：① 不出跳，柱头铺作为一斗三升，若有补间，补间用人字拱；② 出跳，初唐第71窟北壁楼阁的柱头铺坐出一跳，上层檐下柱头出两跳，转角铺作有正侧两面的出跳，柱头之间有人字叉手作补间铺作。

【80】"斗"指斗形木垫块，"拱"是弓形的短木。拱架在斗上，向外挑出。
【81】垂直于立面，向内外挑出的拱称华拱，华拱可挑出一层至五层，每挑一层称一跳；出一跳称四铺作，出两跳称五铺作，出三跳称六铺作，出四跳称七铺作，出五跳称八铺作。

盛唐第 172 窟北壁净土变佛殿所绘斗拱代表了盛唐时期木构建筑主要部件——斗拱的发展水平。其主要特征：① 斗拱出跳达到四跳；② 采用逐跳计心的做法[82]，而且多为重拱（图 6-27）。这种做法直至宋代以后才渐增多，清代方才普及。晚唐佛光寺虽使用出四跳的斗拱及重拱，但一、三两跳仍为偷心。可见第 172 窟斗拱复杂程度远超佛光寺，已经进入完全成熟的程度。从初唐到盛唐的形制演化，堪称惊人，反映了盛唐建筑总体规模与艺术水平的飞跃发展。

图6-26　插拱实物及壁面所绘柱和栌斗　莫高窟第251窟北壁　北魏　（引自肖默《敦煌建筑研究》图159）

中唐至宋代，斗拱基本同于盛唐。但中唐出跳斗拱的补间铺作同于柱头铺作、双补间等做法，均比相关实例早约百年。但总体上仍不脱盛唐形制与水平之窠臼。

（七）建筑施工

北周第 296 窟窟顶福田经变中有两幅表现建塔、建屋的施工图。建塔图有 6 个工匠建塔，均仅着短裤，裸身赤脚。塔身两侧各立一人向上递砖，已建塔身上两人或坐或蹲俯身接砖，塔下一人搅拌黏合材料，塔下中部一人持矩指挥。该图下部建屋图中一座三开间歇山顶房屋基本建讫，屋顶、房下各有一人共持一长棍状物，表示拆除施工杆架；房前屋后各

图6-27　出跳斗拱　莫高窟第172窟北壁　盛唐

【82】尤复杂的斗拱，如七铺斗拱均逐跳计心。

一人穿袍着靴，一手持涂料碗一手持笔涂饰门、柱。隋代第302窟有一幅伐木建塔图，表现了伐木、运木到塔建成的完整过程。连续画面自右至左依次绘：树林中一人双手持斧伐树；二人扛运已除去枝叶的树干；一座已基本建成的方形二层木檐塔，塔上两名工匠，右侧一人利用辘轳提运建筑材料、左侧一人俯身与塔下之人对语，地面对语之人持矩作指挥状，塔身下半部被西夏时期所涂地仗覆盖，可见一工匠上半身，仰面似在安置檐下铃铎。画面中所有工匠均着短裤（图6-28）。五代第72窟绘修塑佛像图，一高大立佛四面搭脚手架，旁搭木梯，工匠缘梯而上，地面有僧人监工，立佛脚下置一替换下来的佛头，已安置于颈部的佛头尚未放正，佛头上和佛头左右的6个工匠正在对其调整。

敦煌古代工匠有专门的组织，或为行会、或为画院，归义军时期一些专业技术人才往往还有官衔。工匠组织中最高级别的匠师称"都料"，文书S.3929记画匠都料董保德不仅是画行的首领，还任归义军政权的"节度押衙"；其次为博士，是具备较高专业技术、可以独立承担工程组织指挥的高级工匠，氾振英作为"泥博士"，曾主持修建佛堂；"师（先生）"，主要从事画塑行业，属较高级的工匠；"生（人）"，是随师傅作业的低级工匠；"人夫"，即没有多少技术含量的低级杂工。矩尺是古代各类工程的重要设计、施工工具，甚至成为法度的代名词。壁画中持矩的工匠虽在相关建筑工程画面中具有象征的指挥之意，但从仅着短裤、裸身赤足的形象看，其社会身份似乎并不高，但具有较高技术技能，故承担指挥、检查之责。

以上工程施工图虽画面并不复杂，但形象地展示了其时的佛教工程的具体施工程序、主要施工工具以及工匠形象和作业场景，是绝无仅有的古代工匠施工档案资料。因我国历史上留存于世可谓"伟大"的工程虽为数不少，但却并没有任何直接反映工匠自身及工作情景的图像资料。相较于精美绝伦满壁生辉的天国"净土"，这些不衫不履的奇迹创造者同样值得尊崇。从这个角度说，它所具有的社会文化意义更为巨大与深远。

图6-28　伐木建塔图　莫高窟第302窟西披　隋

第二节　度量衡

德国科学家西门子说："去测量，就是去认识。"原始的测量几乎和人类本身一样古老。从制造最简单的工具开始，就有了度量的概念。孔子所谓黄帝"设五量"[83]、舜"协时月正日，同律度量衡"之说[84]，应是对原始社会度、量、衡发生、使用的追记，在一定程度上反映了度量衡发展初期的基本情况。度量衡是人类社会发展进步的必然创造，这一创造本身又极大地促进了人类社会的进步。

（一）度

敦煌马圈湾汉代烽燧遗址出土的木尺，两面髹黑漆、线刻凤凰、仙鹤和山水等图案，侧面刻尺度；一端钻小孔，一端已烧残。残长19.9厘米、宽1.5厘米[85]。测得该尺一寸长2.4厘米，推算完尺长24厘米。马圈湾汉尺的发现表明，伴随着敦煌开郡及移民实边，"度"尺亦传入敦煌地区。中原地区使用的标准汉尺长23.1厘米，马圈湾所出汉尺并不标准。但从髹漆工艺装饰及复杂的装饰图案看，该尺应系内地制作，随移民而带入敦煌地区。西汉晚期居延烽燧遗址出土两件不同质料的尺子，竹尺长23.6厘米，木尺长23.2厘米。其中竹尺显然从内地带入，而较为标准的木尺可能于西汉晚期已在当地加工生产。

敦煌佛爷庙湾——新店台墓群一西晋墓出土的"西晋骨尺"长24.3厘米、宽2.1厘米、厚0.3厘米，骨尺一端钻孔，以阴刻内有圆点的圆圈为寸度，寸度间刻以上下、左右对角三角形网格纹，骨尺中心及中心两侧加刻内有圆点的圆圈构成菱形图案。敦煌市文化路4号墓出土后凉骨尺长24.2厘米、宽2厘米，于寸度间对刻有圆点的圆圈，尺中刻三圆圈（图6-29）。

西晋标准尺度24.2厘米。西晋骨尺和后凉骨尺刻度精细、准确。据此可见自西汉晚期开始直至西晋，敦煌地区使用的不同质

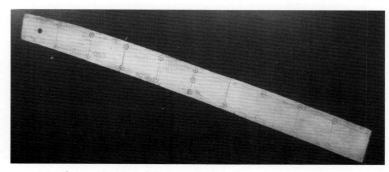

图6-29　骨尺　敦煌市文化路后凉墓出土

【83】《大戴礼记·五帝德》，中华书局，1983年，第118页。

【84】《尚书·尧典》，中华书局，1986年，第43页。

【85】甘肃省博物馆、敦煌县文化馆《敦煌马圈湾汉代烽燧遗址发掘简报》，《文物》，1981年，第10期，第1页—8页。

料的尺子，与内地尺度的变化是同步的。

敦煌壁画中表现的度尺多为矩尺，又称曲尺、鲁班尺，传黄帝所创，甲骨文中"矩"字作"巨"，象形。矩尺尺度基本稳定，1尺约长31.1厘米。西魏第285窟东披伏羲即手持矩尺，北周第296窟、隋代第302窟则直接出现于建塔施工图中。从西汉晚期至西晋直尺尺度情况看，相信敦煌地区北朝及其后实际使用的矩尺也应是规范的。

（二）量

敦煌壁画中表现的量器最为常用的是升、斗、斛等，这些量器都是木制的。盛唐第445窟场景中，在扬净的粮堆上放着衡量粮食的斗、斛等器具。壁画描绘与敦煌遗书中所记叙的收粮、入仓、量数记账中用升、斗、斛量器的记载一致。中唐第202、第231窟收获图中谷物堆前均置正方形量器，从画面景物比例来看，应是木斗，与西汉晚期王莽所创正方形斗一脉相承。榆林窟西夏第3窟千手千眼观音经变中所绘"宝斗"作口大底小状，这是目前所见口大底小形态"斗"的最早图像（表1）。虽从沈括《梦溪笔谈》所载"刍童，谓如覆斗者，四面皆杀"，可确知宋代已使用现今人们潜意识中的斗的造型——口大底小；五代学者孙光宪《北梦琐言》卷10载：中晚唐时士人李者"因旅次至江村，宿于民家，见覆斗上安锡佛一躯"，可推知口大底小的斗的造型应产生于唐代。但现存这一造型的斗的最早实物，为明代的"成化兵子"铜斗。因而榆林窟第3窟中"宝斗"图像对于我国古代主要量器——斗的造型演变研究提供了重要的图像资料，在相关学术研究中具有重要价值和意义。

敦煌文献表明，敦煌地区在酒的计量上使用了一套独特的容量量器和计量进制单位。如敦煌研究院藏北宋乾德二年（公元964年）归义军酒账和续卷表明，其容量单位：瓮、斛、斗、升、合；进制单位：斗、升、合十进制；1瓮＝6斛，1斛＝15升。这种计量方式，在历代律历志中都看不到，具有鲜明的地方特点，为古代计量研究提供了新的资料。

敦煌文化探微

表1　秦汉以降斗的造型变化

造型 时代	椭圆	圆	方	口大底小
秦 代	1.两诏铜椭斗	3.始皇诏陶量		

造型 时代		椭 圆	圆	方	口大底小
汉代	西汉	 2. 杨氏铜椭斗			
	王莽时期		 4. 新莽嘉量	 6. 新莽铜方斗	
	东汉		 5. 元初大司农铜斗		
唐代				 7. 木斗　敦煌第231窟（中唐）	孙光宪《北梦琐言》载：中晚唐时士人李者"宿于民家，见覆斗上安锡佛一躯"。
宋代					沈括《梦溪笔谈》卷18载算术求积法："有刍童，谓如覆斗者，四面皆杀。
西夏					 8. 榆林窟第3窟宝斗
元代					 9. 铁方升（斗亦应如是）
明代					 10. 成化兵子铜斗

（三）衡

中国古代衡器是用杠杆原理测定物体重量的工具。夏代，中国始用"权衡"作为称重工具。"权"即砝码（秤砣）、"衡"即杠杆。汉代出现木质杆秤。衡器作为人们日常经济活动中最常用的衡具，在丝路通都要邑的敦煌无疑具有特殊作用。敦煌文献中有大量涉及使用衡具"秤"及相关部件的记载，如石碓（秤砣）、铁钩、秤笙（秤杆）、秤产（秤盘）等，常用计量单位为斤、两、钱。

敦煌、新疆石窟壁画以及文物考古发掘出土文物表明，魏晋南北朝时期，提系杆秤已经得到广泛应用。在河南焦作发现的北魏时期的窖藏铜器中，其中的杆秤造型与敦煌壁画北朝杆秤相同。莫高窟北凉第275窟北壁绘尸毗王割肉贸鸽故事，画面中杆秤的两边各垂一秤盘，一秤盘中放着鸽子，另一盘中坐着尸毗王。为了突出表现称人的重量，掌衡者很吃力地双手提着提纽。晚唐第85窟东披相同题材壁画中，绘悬秤天平，秤盘一端置鸽、一端置从尸毗王腿上割下的若干肉块（图6-30）。

在实际使用中，举凡涉及重量均以秤衡。金、银、玉石等贵重商品以及纺织原料毛、麻、丝、线、棉花等也都以秤计重，从而进行交易。秤本是衡器，但在重量一定的情况下，每秤的容量亦为定量，故敦煌文书中常见以秤作为量器使用。如P.2049 V 0（2）《净土寺直岁愿达牒》载："……粟三斗，秤面日沽酒用。"当然这仅是日常生活中变通的机巧应用而已，并不改变秤的测重功能。

图6-30　悬秤天平　莫高窟第85窟东披　晚唐

第三节 天文 历法 数学 地理

（一）天文

星象的观测是天文学的基础。飘渺的夜空、灿烂的星汉对古人来说无限神秘而具有巨大诱惑。因天文观测与占星术往往混在一起，故古代天文学极其复杂，既含科学又存玄说。

1. P.2512《二十八宿次位经三家星经》。战国时甘德、石申、巫咸的天文学说，标志着中国古代天文学体系的初步形成。三国末，东吴太史令陈卓将三家学说成果加以总结并纳入自己的著作，可惜以上诸书均已失佚。有幸的是，敦煌文书 P.2512 唐武德四年（公元 621 年）《二十八宿次位经三家星经》残卷，其中记录了甘德、石申、巫咸三家所记内外官星 283 座、1464 星，与唐初著作《晋书·天文志》《隋书·天文志》记载的陈卓记录的三家星数完全吻合，与唐《开元占经》比较，互有脱漏，可以相互补充。

需要注意的是，《晋书》《隋书》天文志是把三家记星合并起来记录的，《开元占经》则以石申星经为主；而敦煌文书 P.2512《星占书》是分别记录三家星经，并以不同颜色标记，以黑色表示甘氏、以红色表示石氏、以黄色表示巫氏。这就表明《星占书》是比以上唐代三种星占书更早的著作。其星座后的 11 项星占文字，当是来自陈卓的著作。

该卷三家星经前的《二十八宿次位经》所记二十八宿数据，也比《晋书·天文志》所载李淳风的记载要早。此书对于认识中国早期天文学体系的形成发展具有重要价值。

2. S.3326《全天星图》。S.3326《全天星图》绘制于唐代，描绘了当时人们肉眼所能观测到的星官，是当时北半球所能看到并被古代天文学家著录过的全天星象。《全天星图》共绘星 1339 颗，除去衍、重的 7 颗，实际共有恒星 1332 颗。它是现今世界上著录星数最多、迄今年代最久远的星图。该图从 12 月开始，依次按照每月太阳的位置所在，分 12 段把赤道附近的诸星用圆柱投影法画出，最后把紫微垣星画在以北极为中心的圆形平面投影图上（图 6–31）。

此图比西方类似画法的星图早 900 年，而且这种画法一直应用到现在，所不同的是现在把南极附近的星又画在一张圆图上。《全天星图》充分表明我国天文学在当时所处的世界领先水平。法国原子能委员会物理天文学家让 – 马克·博奈 – 比多和法国巴黎天文台前副台长弗朗索瓦比丝·普热得瑞称敦煌《全天星图》是"天文学史上最令人叹为观止的天文资料""用非常现代的方法绘图——十二时角图和一张北

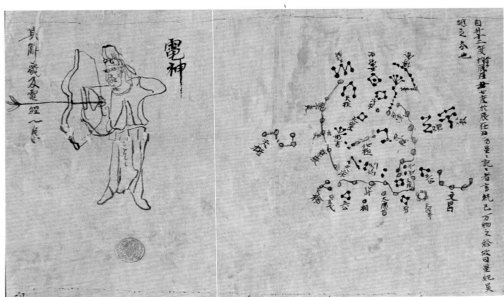

图6-31　敦煌文书S.3326（5）《全天星图》（局部）

极星图，记录天空"是人类文明迄今发现的最久远的星图"[86]。

3.《紫微垣星图》。在遥远的夜空中，人们最熟悉的星宿无疑为北斗七星，即使对星空很陌生的人，提起北斗七星，恐怕也没有不知道的。这是因为：它不仅由七颗亮星组成显著的斗形，人们很容易找到它，更重要的是它位于北极星附近，对我们北半球的居民来说，它经常出现于北方地平线以上的天空中，整夜都可以看到。在我们肉眼里，其余所有的星星，随着天球的旋转，都围绕着北极星旋转。

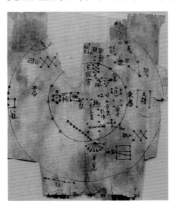

图6-32　紫微垣星图
敦煌博物馆藏

既然看起来所有的星星都绕北极星转动，在中国传统文化中，北极星当然就被视作帝星了。敦煌壁画中出现的帝王，大多身穿日月纹服，头戴七星冕旒。如第454窟东壁门南于阗国王图和榆林窟第32窟西壁帝王图。帝星必有拱卫，于是古人就以北极为中心，画出一处城垣，作为天帝的皇宫，这就是天上的紫禁城——紫微垣。

S.3326《全天星图》被学界称为《敦煌星图甲本》。敦煌市博物馆所藏星图编号076号，被称为《敦煌星图

【86】让-马克·博奈-比多、弗朗索瓦比丝·普热得瑞、魏泓《敦煌中国星空：综合研究迄今发现最古老的星图（上）》，《敦煌研究》，2010年，第2期，第44页。

乙本》，星图标示"紫微宫"，可知此图为《紫微垣星图》。星图将紫微诸星绘于直径 26 厘米和 13 厘米的两个同心圆内，其中石申、巫咸星用红色，甘德星用黑色（图 6–32）。

敦煌文书《紫微垣星图》标示东西蕃，可惜北斗星所在的星图上部残。此图总计绘星 138 颗，标星官名 32 个。《宋史·天文志》载宋皇祐年间观测记录了 37 个星座、附座 2 个、正星 163 颗。唐代《紫微垣星图》写本可与 S.3326《全天星图》中的第 13 幅星图、宋代紫微垣星列表（表 2）及现代所测紫微垣星图相互参证，为我国古代天文学史研究提供了重要资料。

表 2　紫微垣星表

星官	注释	所处星座	星数
北极	北极五星，分别为太子、帝、庶子、后宫、天枢	小熊座／鹿豹座	5
四辅	古代天子左右四个辅助之臣	小熊座／鹿豹座	4
天乙	古代传说中三神之一，三神中以太乙为尊，天乙次之，地乙再次	天龙座	1
太乙	古代传说中三神之一，而太乙形成天地万物之灵气	天龙座	1
紫微左垣	左枢、上宰、少宰、上弼、少弼、上卫、少卫、少丞	天龙座／仙王座／仙后座	8
紫微右垣	右枢、少尉、上辅、少辅、上卫、少卫、上丞	大熊座／天龙座／鹿豹座	7
阴德	施惠而不让人知，或指帝王后宫事务	天龙座	2
尚书	掌管文书章奏	小熊座／天龙座	5
女史	主铜壶漏刻的女官员，或指负责王后礼仪的女官	天龙座	1
柱史	史官	天龙座	1
御女	妃嫔，或宫内侍女	天龙座	4
天柱	支撑天地及天帝张贴政令之处	天龙座／仙王座	5
大理	负责审讯的法官	鹿豹座	2
勾陈	形弯曲如钩，古时被视为黄帝的后宫、天帝的正妃	小熊座／仙王座	6

星官	注释	所处星座	星数
六甲	天干地支相配而来的甲子、甲戌、甲申、甲午、甲辰、甲寅	鹿豹座 / 仙王座	6
天皇大帝	天帝	仙王座	1
五帝内座	天上五方之帝，位次天皇大帝，分别为东方苍帝灵威仰、南方赤帝赤熛怒、西方白帝招拒、北方黑帝汁光纪、中央黄帝含枢纽	仙王座 / 仙后座	5
华盖	帝王所用的伞形遮蔽物	仙后座	7
杠	华盖的柄	仙后座	9
传舍	古代迎宾的处所	鹿豹座 / 仙后座 / 仙王座	9
内阶	连接紫宫与文昌宫的天梯	大熊座	6
天厨	为一般官员而设的厨房	天龙座	6
八谷	稻、黍、大麦、小麦、大豆、小豆、粟、麻，或指管理土地的官员	鹿豹座 / 御夫座	8
天棓	打谷的农具	天龙座 / 武仙座	5
内厨	为后宫而设的厨房	天龙座	2
文昌	指六个政府部门或官员，分别为上将、次将、贵相、司命、司中、司禄	大熊座	6
三师	太师、太傅、太保	大熊座	3
三公	太尉、司徒、司空	猎犬座	3
天床	天子的御床	小熊座 / 天龙座	6
太尊	皇亲国戚，或指始祖	大熊座	1
天牢	监禁贵族的牢狱	大熊座	6
太阳守	大臣或大将	大熊座	1
势	太监	小狮座	4
相	宰相	猎犬座	1
玄戈	武器	牧夫座	1

星官	注释	所处星座	星数
天理	监禁贵族的牢狱或执法官	大熊座	4
北斗	天枢（七星枢纽）、天璇（美玉之意，主旋转）、天玑（耀珠之意，主变动的机构）、天权（主权衡）、玉衡（衡平轻重）、开阳（开阳气）、摇光（摇光芒）	大熊座	7
辅	辅助北斗的大臣	大熊座	1
天枪	守卫紫微垣的武器	牧夫座	3
39			163

4. 黄道十二宫。黄道十二宫是古巴比伦的星座名称。地球一年绕太阳转一周，我们从地球上看成太阳一年在天空中移动 365 圈或 366 圈，太阳这样移动的路线叫做黄道。黄道分为 12 段，每段各用一个跨着黄道的星座为标志，即黄道十二宫，分别用图形宝瓶、摩羯、人马、天蝎、天秤、室女（双女）、狮子、巨蟹、双子、金牛、白羊、双鱼作为标志。它相当于中国天文学中的十二次（古人为了说明日月五星的运行和节气的变换，黄道附近一周天按照由西向东的方向分为十二等分，称为十二次），也可以与二十八星宿相对应。它的形成时间与中国的二十八星宿大致在同一时期，距今约有 4000 多年，这一星象形式经希腊、印度传入我国。

榆林窟唐代第 35 窟前室炽盛光佛背光上部两侧有两个圆形图案，室女宫内绘汉装女子，人马宫内绘骑马的汉装骑士（图 6-33）。一般炽盛光佛画面中，五星、七曜、九曜并不画于圆形图案中，因而这两个圆形图案应为黄道十二宫的人马宫和室女宫。最早记录十二宫名称的是隋代那连提耶舍所译《大乘大方等日藏经》。榆林窟唐代第 35 窟壁画中黄道十二宫虽然并不完整，但它所透露的文化交流信息却值得关注。敦煌五代第 61 窟甬道南北壁绘两铺元代炽盛光佛，画面中除绘二十八宿外，在圆形图案中绘黄道十二宫（图 6-34）。敦煌壁画中出现黄道十二宫与中国传统的二十八宿并存，虽是作为佛教壁画的装饰陪衬，但在客观上却直观地表现了当时天文学兼容并蓄的学术背景。此外，上述星象图中黄道十二宫虽是典型的西方文化标本，但图形却又显示出鲜明的中国化倾向。这一中国化的转变，主要体现在人物服饰和动物形态的造型方面。如裸体人物都改着汉装，半人半马改为骑马的骑士，摩羯宫的羊身鱼尾变成龙首鱼身并生有双翼的鲸鱼。

（二）数学

中国数学的特色是形数结合，使用计算器（算筹），以算见长；而寓理于算，则是中国数学理论的重要特征。其十进位制的计数法对世界科学和文明的贡献不亚于

四大发明。中国古代数学称为"算术"，其原始意义是运用算筹的技术。这个名称恰当地概括了中国数学的传统。

敦煌文献中数学文献达 20 多件，有《算书》《算经》《九九口诀》《田积表》等数学著作 10 多部，都是最早的数学写本。其中《算书》（P.2667）成书于北朝时期，是现存最古老的纸本算学典籍。算经文献的内容主要有：数字认读、量度换算等。其中筹式记数法是目前所见我国最早应用算筹记数的记录。

S.930 V 01《立成算经》为唐代写本，其万以上的大数进位与万以下相同，均采用中国传统的十进位法，即"十万为亿、十亿为祉（兆）……"其载"九九口诀"从"九九八十一"到"一一如一"共45句，并配以算筹数码，顺序与宋代以后至今通用的口诀顺序相反。正整数乘法"九九口诀"出现于

图6-33　人马宫、室女宫　榆林窟第35窟前室　唐
引自《敦煌石窟全集·23·科学技术画卷》第22
页，绘图：赵俊荣

图6-34　黄道十二宫　莫高窟第61窟甬道北壁　元

春秋时期，堪称是先进的十进位记数法与简明的中国语言文字的完美结合。上世纪下半叶虽屡有汉代简牍"九九口诀"出土，但均残缺不全。2002年湖南龙山县里耶古城出土秦简载"九九口诀"，但止于"二二如四"，计36句[87]。如果说里耶秦简是现存最早的"九九口诀"，那么敦煌文献中的"九九口诀"则是现存最早的完整乘法口诀。

P.3349《算经》为五代写本，所载内容大多来自成书于南北朝时期的《孙子算经》。现存内容包括序文、识位法、九九口诀、大数计法、度量衡制、九九乘方（"自相乘"）和均分（"分之"）以及题为"均田法第一"的10道关于土地面积计算的应用题。其中大数计法与上述《立成算经》的进位法不同，采用万以下十进制，万和亿之间为万进制，即万万为亿，亿以后为万万进制，即万万亿为兆，万万兆为京……与相传东汉徐岳所撰《数术记遗》中所称大数进位上、中、下三种形式的中法相同。

《算经》在量度换算方面对面积、容量、重量等单位的规定及进位都有详细明确的说明，还记载了对具体物品的一些习惯丈量方法。如绢布类，"三丈为段，四丈为匹，五丈为常，十丈为引。"虽然段、匹、常、引等名称并非规范的进制换算单位，但在日常社会生活中使用率非常高，唐政府每年财政收入统计中，庸调类的计量单位就是匹、段等。另外，算经中对体积、面积的计算和换算还附有一定例题，其中有粮草食用和布防编制方面的计算实例，属于应用性计算题，是当时社会现实生活所涉及的实用数学问题在数学文献中的反映。

P.2490《算表》有15大格1250小格，该表是关于田土面积计算的。根据此表，可迅速查出边长10步到60步的任何矩形田地的面积。该表为历代算书所仅有，可谓现存最早的数学工具书——数学用表。

敦煌数学文献体现出注重实际应用的特点，而这一特点无疑使其同时具有很强的广泛性。

（三）历法

历书实际就是我们今天用的日历本，由于古时流行吉凶注记等，因而内容更为复杂。历书的颁行，是中央政府行使管理权的重要象征。敦煌文献中保存的50多件历书残卷中，多为敦煌与中央王朝政府隔离后，无法得到中央政府颁发的历法时，由吐蕃占领下的敦煌官府和归义军政权负责历法的官员编制。

我国正史依照惯例虽均有关于历法的内容，但主要是记述历法的计算方法、计算数据以及历日的改革与演变等，早期的历书实物均未保存下来。现存最早传世历书为《南宋宝祐四年（公元1256年）会天万年具注历》。而敦煌历书自北魏至北宋，

【87】里耶秦简亦从"九九八十一"始、到"二二而四"止（湖南省文物考古研究所《里耶发掘报告》，岳麓书社，2007年，第180、181页），因多出"一一而二""二半而一"两句，故有学者称里耶秦简"九九口诀""38句"。但"一一而二"意指两数之和，"二半而一"为分数运算，并非乘法范畴，故不属于乘法"九九口诀"，因而里耶秦简"九九口诀"仍应为36句。

时间跨度达 5 个多世纪，而且既有中原王朝颁布的历法，也有被史书称为"小历"的民间私家历书（S.P.10《唐中和二年（公元 882 年）剑南西川成都府樊赏家印本历日》），更多的则是上述特殊历史背景条件下敦煌自编的历书。如此丰富多彩的历日实物极大地弥补了中古时期历日文献资料不足的缺憾。

可贵的是，敦煌历书中还包含了一些重要的天文资料。如敦研三六八 V《北魏太平真君十一年（公元 450 年）、十二年（公元 451 年）历日》，在北魏太平真君十二年历日二月十六日和八月十六日下分别注"月食"，这两天分别是公元 451 年的 4 月 2 日和 9 月 27 日。据中国科学院紫金山天文台研究人员推算，在这两天确有月食发生。这两次准确的月食预报，说明当时我国对日月食的认识及推断都达到了很高的水平。

敦煌历书的编纂大体经历了由简到繁的发展过程。唐、五代繁本大致分标题、序言、历日三部分：序言简述历日的性质、编纂历日的依据、历日的用途和年九宫图、年神方位图、推七曜直日吉凶法和各种禁忌法；历日部分在每月月首有月序，月序述月大小、月建干支、月九宫图、天道行向、月神日期方位、四大吉时和日出入方位等。历日本身内容主要有九项，依次为：①"密日注"多朱笔书写，"密"字，乃胡语"星期日"；②日期；③干支；④六十甲子纳音[88]；⑤建除十二客[89]；⑥弦、望[90]；⑦节气；⑧物候[91]；⑨有关节日和祭祀日的注记。

历书中既有科学成分，也有在当时条件下不可避免的迷信内容，但对当时的社会生产生活均产生过重要影响。其中历日注中以星期日的胡语音译"密"字，取代传统的"七曜"记日中的日曜日，从中可看到西方基督教流行的星期制的影响。由此可见，敦煌历书既是研究古代历法编纂史和古代天文学史以及东西文化交流史的重要的原始资料，也是研究唐五代时期民间信仰和民俗的重要资料。

（四）地理

敦煌文献中的地理文书，包括全国性的地志文书、地方性的地志文书以及游记等。其中全国性的地志文献 P.2522《贞元十道录》中各州之下记录的资料，与传世文献的记载多有不同，因此对研究唐代地理具有重要价值。

地方性地志文书多未被公私传世文献所著录，而其内容却极其丰富，包括州郡自然面貌、人文景观、风土人情等诸多方面。如 P.2005、P.2695《沙州都督府图经》，

【88】将六十甲子配宫、商、角、徵、羽五音，因五音又可与金、木、水、火、土相配，故又可以五行代替五音，如"一日甲午金"，其中"金"就是甲午的纳音。

【89】以建、除、满、平、定、执、破、危、成、收、开、闭十二个字配于每日之下，各主一定的吉凶，如"一日甲午金定"中的"定"字就是建除十二客。

【90】指能看到的月亮的形状。

【91】如注"鸿雁来"，意指雁归。

其所记敦煌地区的河流、水渠、泊泽、池堰中，诸如甘泉水、苦水、独利河、兴胡泊、东泉泽、四十里泽、大井渠、马圈口堰、长城堰、宜秋渠、孟授渠、阳开渠、北府渠、三丈渠、阴安渠、西盐池、北盐池等，均不见于其他史籍；此外，还非常详细地记载了沙州境内的每个驿站的地理位置、与州县及附近驿站距离和该驿站的建置沿革等情况。这些难得的历史地理资料对于了解和研究敦煌及其周边的自然、人文、风土人情以及边防设施、邮驿路线等都具有十分重要的价值。

游记中的 P.3532《慧超往五天竺国传》、S.383《西天路竞》、P.2700、P.3824、S.2695、S.958《大唐西域记》、P.2977《五台山志》、P.3973、P.4648、S.397《往五台山记》、S.529《佚名行记》等，除《大唐西域记》有传世本外，其他均为仅见的孤本。这些游记都记载了所经历地区和城市的疆域、道路、里程、寺观、民俗、物产、服饰等情况，对研究古代历史地理和社会风俗具有重要的拾遗补缺价值和意义。

第四节　医疗卫生

（一）医学

唐代的敦煌地区，设有专门的医学教育机构[92]，高水平的医师称"医学博士"[93]。在吐蕃占领期开始，寺院在敦煌的医疗卫生方面发挥了十分重要的作用，如龙兴寺僧翟法荣就以医驰名。P.4660《河西都僧统翟和尚邈真赞》载，翟法荣"五凉师训，一道医王，名驰帝阙，恩被遐荒"，影响很大。另一位敦煌名僧索崇恩被称为"药王"（P.4615）。而中晚唐时金光明寺僧人索法律则"神农本草，八术皆通"（P.4660），精通药学和各种医术。在当时的敦煌官职中还设有专司医疗卫生的医官。在这样的医学氛围下，敦煌文献中保存的医学典籍达 70 多种，就不令人奇怪了。

隋唐五代时期，医学、药学非常发达，仅《隋书》《旧唐书》经籍志和《新唐书·艺文志》著录的医药学著作就达百余部。可惜的是这些著作在宋代以后大多陆续散佚，保存至今的只有《诸病源候论》《千金药方》等有限的几部。因而敦煌医学文献具有无可替代的重要补佚、校勘价值。如传神农氏所作、实为汉晋成书的著作《神农本草经》，计收药草 365 种（以合一年的天数），南朝梁陶弘景又增补后来发现的药草 365 种，并为之作注，名为《本草经集注》，可惜《神农本草经》《本草经集注》在宋代就失传了。而敦煌医药写本《本草经集注》（原件藏日本龙谷大学图书馆，编号：0530）却几乎完整地保存下来。从这部千年以前的药典可以了解陶氏原书的本来面貌，

【92】P.2005《沙州都督府图经》载，敦煌置有与州学、县学并列的医学："医学　，右在州学院内，于北墙别构房宇安置。"

【93】P.2657《唐天宝年间沙州敦煌县差科簿》载："令狐思珍……医学博士。"

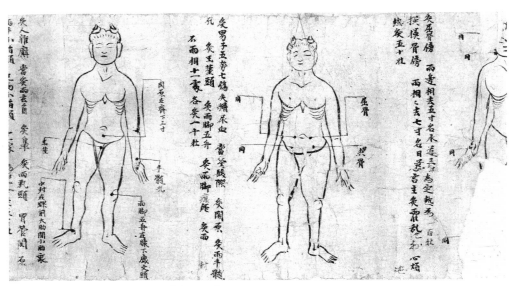

图6-35　敦煌文书　S.6168-2《灸法图》

　　也可以勘正许多后代本草著作引用陶书时断章取义的讹误，为研究本草学在医药分类、采治方法及药学发展演变等提供了重要资料。

　　医学文献中既包括医经诊法，也有医药医方、针灸药物。其中 S.6168（图 6-35）、S.6262《灸法图》、P.2675《新集备急灸图》等灸疗、针灸专著极为珍贵。医药文献中还保存了许多前所未见的古药籍、古医方，其中仅古医方就达 1000 多种，且多为中古时期医家经过验证的验方。治疗范围包括内科、外科、儿科、妇科、五官科和美容等。这些在民间流传的验方，虽未被唐宋典籍著录，但却是百姓治疗常见病、地方病最便捷有效的实用医方。这些医方因简便实用，受到百姓的欢迎，因而得以在民间流行。如《辅行诀脏腑用药法要》[94]，系隋唐时人传录陶弘景佚文而成，所录"医方"多为北宋以后医学典籍所未载。其中"开五窍以救卒（猝）死中恶"五方中"着舌以通心气"法，以硝石雄黄散着舌下或随涎咽下，对中恶、急心痛患者进行急救，与现代医学治疗急性心肌梗塞、冠心病心绞痛的急救方法毫无二致，时间却早了 1000 多年，这一简便易行的急救方剂和措施可谓中国传统中医学的天才创造。该

【94】《辅行诀脏腑用药法要》，帛书，原件长4米左右，宽约30厘米。题"梁华阳隐居陶弘景撰"。该书系河北威县中医张光荣（号偓南）从王道士手中购得，录抄本两件，后传于其孙张大昌，1966年原件被毁。两件抄本张大昌先生一传弟子，另一件于1974年寄送中医研究院（现名中国中医科学院）。1975年马继兴先生将抄本请张政烺、李学勤鉴定，张、李认为："此书不是近代的伪作，但也不可能早到梁代的作品……疑是后人辑录陶说为之，为了尊崇本师，在书名下加题'梁华阳隐居陶弘景撰'。"1988年马继兴先生将该书著录于《敦煌古医籍考释》（江西科学技术出版社，1988年版）。

书是敦煌医学著作中最具代表性的佳作之一，不仅有极高的学术价值，而且至今在临床上都有着重要的启示和指导意义。

又如敦煌文献中大量医方认为醋具有活血化痰、通经开窍、益阴滋血、抗菌消毒、消痈散肿、杀虫解毒、美容护发和延缓衰老的医用机理，具有阳开阴阖、有表解表无表敛正的功效，可用以止痢补虚、产后血晕、补虚祛瘀，因而方便易得的日常食用醋在敦煌医方中被广泛应用。

此外，敦煌医药文献不仅具有重要的文献价值，还是我国现存最早的医学文献抄本，具有重要的版本学价值和文物价值。

还需注意的是，藏文的《火灸疗法》(P.T.127、P.T.1044)《杂疗方》(P.T.1057)等，代表了藏医学的成就；写本 P.2892 V 为译自梵文的于阗文《医理精华》。《医理精华》本是印度很有影响的古典医学的代表著作，内容可分为四部分，以医学理论开篇，其次为疾病起因、分类、症状等医理，第三部分为治疗的药方，最后是对医疗方法的说明。

汉、藏、印等不同文化系统不同语言文字医学文献的共处，无疑展示了不同医学文化的交流和相互借鉴。

（二）保健卫生与美容

S.76《食疗本草》收录食物药 26 种、86 条，约占该书所收 207 种药物的 12%。此书对食疗药物的记述，至今仍对疗疾与美容具有参考价值。如其中对"冬瓜"的记述：

冬瓜寒，右主治小腹水鼓胀。又，得小便，止消渴（指糖尿病）。又，其子（指冬瓜籽），主益气耐老，除心胸气满，消痰止烦。又，冬瓜子七升，绢袋盛，投三沸汤中，须臾，曝干。又，内汤中，如此三度，乃止，曝干，与滑苦酒浸之一宿，曝干为末，服之方寸匕，日二服，令人肥悦。又，明目，延年不老。案经：压丹石，去头面热风。又，热发者服之良，患冷人勿食之，令人益瘦。取冬瓜一颗，和桐叶与猪食之一冬，更不食诸物，其猪肥长三四倍矣。又，煮食之，能炼五脏精细。欲得肥者，勿食之，为下气。欲瘦小精轻健者，食之甚健人。又，冬瓜仁三升，退去皮壳，捣为丸，空腹及食后各服廿丸，令人面滑净如玉，可入面脂中用。

又如 P.2882 V《医方》中"染髭及发方法"详细记录了以针沙、破铁汁、玉门矾石、没石子等炮制染发剂的过程及乌发美容效果。

敦煌壁画中还有许多反映隋唐时期人们注意日常清洁卫生和环境保护的画面。在唐代的数十幅《弥勒经变》和《劳度叉斗圣变》经变中，绘有洗发、剃头、刮脸、揩齿、刷牙的场景。

口腔健康是身体健康的重要组成部分，是维系和提高生命质量的重要因素。牙齿保健被认为是现代文明的重要体现,然而《礼记·内则》载"鸡初鸣,咸盥、漱"[95]。晨起洗漱,在先秦时期就被列为人们日常生活的行为规范。两汉之际,随着佛教的传入,佛家用杨枝洁齿的方法也传入东土。如东汉安世高译《佛说温室洗浴众僧经》谈到用杨枝洁齿,可"除垢秽……口齿香好,方白齐平"[96]。唐僧义净撰《南海寄归内法传》将以杨枝洁齿的方法概括为"揩齿",印度僧"每日旦朝,须嚼齿木;揩齿刮舌,务令如法;盥漱清静,方行敬礼"[97]。其中"朝嚼齿木"一章,详细记载了齿木的取材、形状、使用方法、揩齿的效果以及揩齿在印度流行的情况。佛家的"齿木"实际上并不只有"杨枝"一种,因地制宜凡楮、桃、槐、柳、柞条、葛藤等,均可作为"齿木",但以"苦涩辛辣"等有清热利咽功效的树木为佳。需要注意的是,义净将印度以杨枝洁齿的方法概括为"揩齿",是借用了中国牙齿保健方法中的专用词。如宋张杲《医说》引南梁刘峻所著《类苑》中歌谣《西岳莲花峰碑载口齿乌髭歌》,歌谓:

> 猪牙皂角及生姜,西国升麻蜀地黄。木律旱莲槐角子,细辛荷叶要相当。
>
> 青盐等分同烧煅,研煞将来使更良。揩齿牢牙髭鬓黑,谁知世上有仙方。[98]

《口齿乌髭歌》表明,中国传统医学所谓的"揩齿"是以中药散剂为主,起码在南北朝时,揩齿还是用清热杀菌散剂以杀菌固齿。北宋《普济总录》卷121也专列"揩齿"条,并附许多配合揩齿所用杀菌解毒祛腐的中医散剂药方。

敦煌中晚唐时期石窟的许多壁画都绘有"揩齿"图。如中唐第159窟南壁《弥勒经变》剃度图绘一僧人左手持净瓶,瓶内置齿木,右手食指置于口中,当往牙齿上抹搽药剂(图6-36)。

中唐第186窟、晚唐第196窟均绘有以齿木揩齿的画面。以上揩齿图可以说是随佛教东传带来的"齿木"与中医药散剂相结合的生动写照,也是目前我国所见最早的口腔卫生保健的真实生动的图像资料。

隋代第302窟窟顶西披福田经变"近道作井渴乏得饮"图中,井的四周构以密实的围栏,显为防止杂物落入井中所采取的措施,以免污染井水;画面中部画有一帷障围起来的公共浴池,池中有两人洗浴,帷障下还绘有排放污水的排水沟。在许多壁画中绘有洒扫城门、打扫庭院马厩等场景。个人卫生和环境卫生都直接关涉人们的身体健康。这些画面真实表现了敦煌地区居民的卫生意识和日常卫生措施,反映了敦煌地区居民良好的卫生习惯和素质。

【95】《礼记·内则》,北京大学出版社,2000年,第955页。

【96】《佛说温室洗浴众僧经》,《大正藏》,第16册,新文丰出版公司,1983年,第802页。

【97】义净《南海寄归内法传》,《大正藏》,第54册,新文丰出版公司,1983年,第208页。

【98】张杲《医说》,上海人民出版社、迪志文化出版公司,2005年,第195页。

图6-36 揩齿图 莫高窟第159窟南壁 中唐

第五节 农业

敦煌绿洲本就具有良好的生态条件，"水草宜畜牧"[99]。武帝开郡，伴随着中原移民的不断迁入，农业生产成为敦煌地区的主要经济形态。人类文化发展史表明，只有稳定的农业生产，才能提供稳定的生活物质，保证人类稳定的定居生活形态，从而为上层建筑的文化，提供产生、发展的基础。农业生产的停止，必然导致文化和历史传统的中断。曾经辉煌繁荣的两河流域的古巴比伦、尼罗河流域的古埃及以及欧洲古罗马、美洲古印加的衰落、消亡都充分说明了这一点。

敦煌地区经两汉的农业开发，奠定了稳定的农业基础。敦煌文化在中古时期的勃兴，显然得益于魏晋以降农业的不断繁荣。而魏晋至宋代农业繁荣的一个重要原因，就是体现在农业生产过程中先进、完备的农业科学技术体系。

【99】《汉书·地理志》，中华书局，1962年，第1645页。

（一）农田水利

水是农业的命脉。敦煌处于沙漠戈壁环绕的小盆地，属暖温带气候，年蒸发量是年降雨量的60多倍。干旱，是这一地理环境的基本气候特征。但敦煌南山储量丰厚的冰川积雪融汇而成的党河（汉名氐置水，唐宋称甘泉水）、疏勒河（汉名籍端水）及南湖、西水沟等地下溢聚的泉水区，又提供了丰富的水资源。因而敦煌地区开发农业，只能仰赖水利设施的建设——即人工灌溉予以保障。筑渠以满足农作物的水分需要，开沟以排除田中多余积水，这是人工沟渠灌溉工程的基本形式。

武帝元鼎六年（公元111年）开郡伊始，就在敦煌西南25里马圈口拦氐置水造水利枢纽工程，马圈口堰"南北一百五十步，阔廿步，高二丈，总开五门，分水以灌田园"（P.2005）。以后又相继修建宜秋、都乡两大干渠。汉代玉门都尉屯田区（敦煌榆树泉盆地）、宜禾都尉屯田区（敦煌西水沟、东山沟和瓜州境芦水沟）、阳关都尉屯田区（敦煌南湖）等汉代屯田遗址的大量人工沟渠、田埂等遗迹，表明人工灌溉渠系已基本形成。而上述遗址出土的小麦、糜谷、穬麦（裸大麦）等粮食遗物，则是水利工程助益农业收成的真实注脚。除水渠外，在一些地区还因地制宜地采用井水灌溉，以为河渠补充。宣帝甘露元年（公元前53年），汉"破羌将军辛武贤将兵万五千人至敦煌……穿卑鞮侯井以西，欲通渠转谷"[100]。卑鞮侯井属汉代玉门都尉屯田区，位于玉门关西疏勒河尾、间河谷尽头。

曹魏嘉平中（公元251年）皇甫隆任敦煌太守，积极推行中原地区先进的农业和水利灌溉技术。他针对敦煌当时过量放水浸泡土地、然后在泥水中耕种的粗放落后的灌溉、耕种方式，大力推广严整土地、分畦灌溉的"衍溉法"，既防止了土壤板结，又减轻了劳动强度、提高了耕作效率，使敦煌的农业生产水平得到显著提高。农作人力、畜力降低了一半，而粮食产量却提高了五成[101]。

十六国时期杨宣、阴澹、孟敏以及唐代李无亏等仍相继筑堰开渠，致使唐代敦煌地区已形成完善的水利灌溉体系，其中干渠八条，即北府、东河、神农、阳开、都乡、宜秋、孟授、阴安渠，贯通敦煌东南西北四大绿洲。依干渠两侧分出大小支渠、斗渠（子渠）达百余条[102]，人工水渠总长约七百里，形成了完整的灌溉渠系，保证了敦煌农业的有效开发。

不仅如此，为了保障水资源的科学良性利用，唐代敦煌还制订了用水管理制度。《沙州敦煌县行用水细则》（P.3560 V），是现存最具体的灌溉管理制度。首先规定

【100】《汉书·西域传下》，中华书局，1962年，第3907页。

【101】《三国志·魏志·仓慈传》引《魏略》（中华书局，1959年，第513页）："敦煌……常灌溉滀水，使极濡洽，然后乃耕……教作楼犁，又教衍溉，岁终率计，其所省庸力过半，得谷加五。"

【102】李正宇：《唐宋时代敦煌县河渠泉泽简志（一）、（二）》，《敦煌研究》，1988年，第4期，第89页—97页；1989年，第1期，第54页—63页。

了各干渠之间及干渠内各支渠的轮灌原则和先后次序；其次，是全年的灌溉次数及与农时节气相适应的灌溉时间。如先从主干渠引水至干渠，再至各支、子渠，分流灌溉，并按地域远近、地势高低依次灌水等。为有效实施，还设专人进行管理，如每乡有"渠头"一名或数名，之上有"渠长""斗门长"。敦煌灌溉渠系及《沙州敦煌县行用水细则》所体现的农田灌溉技术及管理水平，与现代流行的农田灌溉技术基本一致。

水利灌溉事业的发展，极大地促进了敦煌地区农业的繁荣兴盛，敦煌所产不仅能满足本地居民和东来西往的商贾的需要，还东调大量谷物，以"备关中凶年"[103]。以此可知敦煌文献所载"州城四面水渠侧，流觞曲水，花草果园，豪族土（士）流，家家自足……五谷皆饶"[104]所言非虚。

（二）农业生产工具

木、骨质耒耜是原始先民创造的挖掘、平整农田的主要工具，铁器时代，则为铁锸、铲等取代。先秦时期，农业生产工具被称为"田器""农器""农具"。春秋时期随着铁器的广泛应用，在劳动生产力和人类社会形态方面产生了巨大的促进作用。敦煌开郡的历史背景，决定了农业开发伊始铁制农业生产工具的直接应用。敦煌地区汉代遗址曾出土大量锄、锸、铲、镰等农业生产工具，囊括了农业生产从种到收所需的不同种类农具。

春秋战国时期，由畜力牵引的犁耕技术开始逐渐普及，标志着农业生产工具的又一进步。

1. 犁。敦煌故城、甜水井、马圈湾、悬泉等遗址曾相继出土汉代铁制犁铧，表明以牛牵引的农业机械工具犁耕在敦煌地区的广泛使用。嘉峪关魏晋壁画墓中不同时期的犁耕图，则展示了这一时期经历了从双牛单辕向一牛双辕的演变。

敦煌壁画、藏经洞绢、纸画有80多幅农作图，反映了北朝以降的农业生产工具和生产场景。北周第290、第296窟分别绘有两种牛耕方式，即一牛双辕犁和二牛单辕犁。一牛挽犁表明犁具重量的减轻和生产效率的提高。第290窟的一牛所拉的犁铧的角度比嘉峪关魏晋墓中牛耕图中的铧头角度更小（图6-37），具有向以后唐代壁画所见的铧头发展的趋势。

唐代铁犁发生了很大的变化，一是铁犁铧结构的改进，如鐅部较大，铧的前部较薄而省去了犁铧冠，实即犁铧与犁冠的合二为一，使用更为简单方便；二是出现了更为进步的曲辕犁。晚唐人陆龟蒙《耒耜经》记有加置了"评""箭""建"的曲

【103】《太平广记·东城老父传》载"河州敦煌道，岁屯田，实边食。余粟转输灵州，漕下黄河，入太原仓，备关中凶年"（《太平广记》，第10册，中华书局，1961年，第3994页）。

【104】P.2005《沙州都督府图经》。

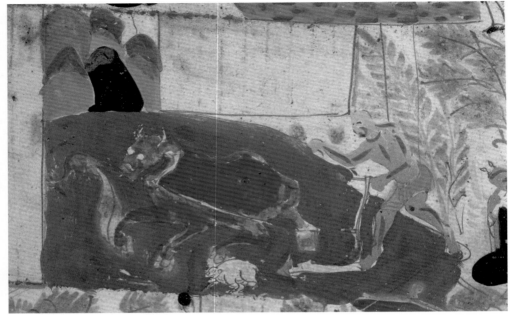

图6-37　犁耕图　莫高窟第290窟　北周

辕犁^[105]。传统观点认为，操作灵巧便于折转的曲辕犁是为适应江南地区水田面积小而产生的，但至今没有发现实物及其他证据可以证明。唐初贞观四年（公元630年）陕西李寿墓壁画中出现的犁虽已很先进，但并非曲辕犁。

　　可喜的是，敦煌盛唐第445窟北壁弥勒经变农作图中出现了曲辕犁，这是目前所见最早的曲辕犁造型（图6-38），也表明曲辕犁的使用不晚于8世纪。曲辕犁相较已沿用千年的直辕犁，在结构上的变革主要表现在两方面：一是除将直辕改曲辕而使辕长缩短外，还使犁架变小，从而犁身轻巧便捷，利于回旋，操作时犁身可以摆动，富有机动性；二是增加了犁评和犁建，前后推拉犁评，即可调整犁铧入土深浅，以适应深耕或浅耕的不同要求，并且使调节耕地深浅规范化，便于精耕细作，犁耕效率要远高于直辕犁。曲辕犁结构科学合理，操作轻便省力，代表了耕犁的最高水平。后历经宋、元、明、清各代，耕犁的结构再无明显的变化。第445窟的曲辕犁，是农具发展史研究难得的图像资料。

【105】陆龟蒙《耒耜经》，见《全唐文》，中华书局，1983年，第8417页。

图6-38　曲辕犁耕图　莫高窟第445窟北壁　盛唐　（采自史苇湘《敦煌壁画线描集》图128）

2. 耧。西汉时期农业工具的最重要的发明是赵过所创条播机——畜力三脚耧犁。东汉崔寔《政论》对三脚耧犁的特点和播种效率作了精到的概括：

赵过教民耕殖，其法：三犁共一牛，一人将之，下种挽耧，皆取备焉。日种一顷，至今三辅犹赖其利。[106]

曹魏时期皇甫隆任太守时，耧犁在敦煌地区得以推广应用。唐代敦煌文书中有许多涉及耧犁的记载。P.3410《沙州僧崇恩析产遗嘱》中记农业生产工具："铧各一孔，镰各一张……楼（耧）一具……车牛、乘驴、农具，依当寺文籍随事支给。"现存最早的"数九歌"P.4017（7）《咏九九诗》："……八九寴穄应日生，阳气如云遍地青；鸟向林间崔（催）种谷，人于南亩已深耕。九九冻高（蒿）自合兴，农家在此乐轰轰（哄哄）；楼（耧）中透下黄金（籽），平原龙（垄）上玉苗生。"五代第454窟南披壁画中绘有使用三脚耧的播种图（图6-39）。

【106】《农桑辑要·代田》引崔寔《政论》，台湾商务印书馆，1986年，第209页。

图6-39　三脚耧　莫高窟第454窟南披　五代

第六节　手工业技术

敦煌文献表明，唐五代时期，敦煌手工业技术行业划分得非常细致。如职业类别有铁匠、写匠、金银匠、玉匠、石匠、木匠、索匠、瓷匠、皮匠、鞋匠、泥匠、灰匠、塑匠、鞍匠、弓匠、箭匠、胡禄匠、画匠、纸匠、笔匠、染布匠、毡匠、帽子匠等等，涉及人们日常生活的方方面面。当时具有某种手工业技术的从业者根据技能高低，又有都料、博士、师、匠、生等不同称呼，充分反映了当时手工业的发展水平。

（一）冶铁与铸造

敦煌文献中把用生铁铸造犁铧、锄、镰、釜、錾、镬、秤、锤、钟等日用生产、生活用具的工匠称作铁匠，此外还有"鑞匠"。"鑞"，冼韵，音写。《集韵》注："鑞，范金也。"即指以模浇铸，可知敦煌地区冶金业的存在。古代文献中往往冶铸并称，表明铸造作为成型工艺成为冶炼工序中的组成部分。中国铁器的使用过程中，很早就掌握了生铁的冶铸工艺。生铁的熔点低，便于浇铸、加工成型和大量生产。东汉成书的《太平经》述及从矿石冶炼得到生铁、再由生铁水经过炒炼至锻打成钢的生产工艺过程："使工师击治石，求其中铁，烧冶之使成水，乃后使良式万锻之，乃成莫耶。"

　　榆林窟西夏第3窟东壁千手千眼观音经变中所绘"锻铁图"真实再现了当时冶铸和机械技术成就（图6-40）。图绘镢匠与徒弟在铁砧上锻打，可谓锻铁成钢的形象写照。在金属冶炼中，为了使燃料充分燃烧以提高炉温，最初用皮囊鼓风称为橐，后为机械鼓风设备——木风扇所取代。学术界一般认为宋代完成了这一转变，但具体过程和确切时间现尚不清楚。榆林窟"锻铁图"镢匠身后为一竖式梯形双扇木风箱，上装两个活动扇板，工匠以推拉杆控制扇板交替开闭，其推拉形成的正逆行程都在做功，于开闭中一端排气鼓风，一端吸取等量空气，从而连续供风。虽然由于为了获得足够的风力，扇风板约与人等高，从而导致扇风效率不高，但榆林窟西第3窟"锻铁图"却是目前所见最早的机械风箱图像，真实展示了机械鼓风技术的巨大进步。

图6-40　锻铁图　榆林窟第3窟东壁　西夏

（二）畜力挽具

使用畜力（马、骡、驴、牛等）完成车、犁、耙、耱、爬犁、磨、碾、水车等各种工具的牵引过程中，挽具是发挥畜力最大效力并且保护牲畜不致受伤的不可或缺的基本用具。挽具的使用，根据其系驾方式和特点，可分为四种：① 颈挽式（牵引着力于牲畜的颈部）；② 轭靷式（牵引着力于肩胛部）；③ 胸挽式（牵引着力于牲畜的胸部）；④ 胸挽鞍套式（牵引着力于牲畜的胸、背部）。

美索不达米亚地区虽然于公元前 3000 年已开始使用两轮或四轮马车，但其落后的颈挽式牵引方式极大地制约了畜力的使用（图 6-41）[107]，马愈需加力奔跑，颈部束缚压迫愈大，致呼吸愈益困难，从而使畜力的发挥受到极大的限制。这种颈挽牵引方式在西方连续使用了 3700 多年，直至公元 8 世纪才使用胸挽式。

中国最早的马车发现于商代晚期，其牵引方式目前尚不得而知。秦始皇陵陪葬坑出土铜车马上金属鞍具表明，其系驾方式为驷车中两服马于着力于肩胛部的内侧轭靷，联结系于

图6-41　颈引式马车图　《乌尔军旗》局部　乌尔王陵出土（公元前276年左右）

【107】图见拱玉书：《西亚考古史》（文物出版社，2002年）彩版12。

车轴的靷绳；两骖马则将着力于胸部的鞅与靷绳联结（图6-42）。联系史籍记载可以知道，先秦时期即一直使用这种轭靷式牵引方式。汉代则使用胸挽式。宋代以后使用胸挽鞍套式。

魏晋及南北朝流行使用牛车，牵引着力于牛鬐甲处[108]。敦煌隋代第62窟东壁北侧下段供养牛车是这一流俗的真实写照（图6-43）。北魏第257窟九色鹿王本生故事中国王和王后所乘

图6-42　轭靷式铜马车图　秦始皇陵陪葬坑出土

曲辕马车略去鞅、靷，而于马鬐甲处以衡轭牵引，模仿牛车"鬲"的倾向非常明显。但马的鬐甲低于牛的肩峰，因而这种方式并不完全适合马车的应用。

晚唐第156窟北壁《宋国河内郡夫人宋氏出行图》中所绘的通幰长檐马车，其挽具系驾方式明显改进，在马最强有力的肩胛和胸部以肩套承力用以牵引马车（图6-44），这是目前所见最早的用软材料填充的曳车承力的肩套式挽具。它虽仍属木质

图6-43　供养牛车　莫高窟第62窟东壁　隋

【108】鬐甲，牲畜颈脊与背脊之间的隆突部位。

图6-44　肩套式挽具牵引马车　莫高窟第156窟北壁　晚唐

车衡的附属品，但其与后世更为先进的肩套的传承关系是不言而喻的。

英国科学技术史专家李约瑟（Needham Joseph）博士《中国科学技术史》对中国发明的挽具进行了详尽的考证和论述，他说："除了脚蹬之外，中国是唯一解决了给马科动物上挽具问题的古代文明国家。在这方面的意义也是十分重要的。"文中以莫高窟第156窟马车上的挽具为例，论述了中国马挽具的科学性[109]。

（三）酿酒

敦煌汉简多有"自治酒""出麹（曲）三石，以治酒之酿"[110]的记载。敦煌文献表明，隋唐时期酿酒是敦煌的一种特殊的手工业，分官营、私营两大类。酿酒原料（酒本）有麦、粟、青麦、豆以及葡萄、诃黎勒等。用料不同则酿造方法不同，酿造出的酒的成色亦不同，故有粟酒、麦酒、青麦酒、清酒、白醪、葡萄酒、诃黎勒胡酒等不同品种。

《周书·异域列传》《隋书·西域传》载诃黎勒产于波斯。诃黎勒，又称诃子，味苦、性温，有下气消食之效，可用以治疗呕逆不食、久咳、痢泻等疾。诃黎勒胡酒实即药酒。

以粮食为原料所酿，最初多为酿造酒，即将粮食蒸煮、加曲发酵、

【109】李约瑟：《中国科学技术史》，第4卷，第2分册，科学出版社、上海古籍出版社，1999年，第361页—368页。

【110】敦煌悬泉置遗址出土《元康五年过长罗侯费用簿》，甘肃省文物考古研究所《敦煌悬泉汉简释文选》，《文物》，2000年，第39页。

然后压榨而出的液体饮料，这种酿造酒酒精含量不高。白醪即白酒，又称烧酒，以粮食蒸煮、发酵后，再经分馏提纯而成，系酒精含量较高的烈性酒。榆林窟西夏第3窟东壁千手千眼观音经变中绘有两幅酿酒图（图6-45）。

李约瑟推测图中器具可能是蒸馏器具。此图分馏所出即敦煌文书所称的"白醪"。P.3044《醉后谢书》称：

昨日饮多，醉甚过度，粗疏言词，都不醒觉，朝来见诸人说，方知其由，无地容身，惭悚尤□，积本□深反仄，伏望仁明不赐罪责，积当面谢。

该文生动记载了一饮者醒酒后因醉酒失态的自责，由此可见敦煌所酿蒸馏白醪酒精含量之高。如此说成立，则敦煌地区唐代已出现酒精度很高的蒸馏酒，那么榆林窟西夏晚期壁画中出现蒸馏酒器具就不奇怪了。

蒸馏酒的出现，是酿造技术的巨大发展，也是酿造工艺上的革命性进步。这一进步的结果，就是酒的酿造不再仅仅是饮料，提纯的酒精在医学上的广泛应用，则直接造福于人类健康。由此可见以酿酒为代表的敦煌地区手工业技术进步的积极意义。

图6-45　酿酒图　榆林窟第3窟东壁　西夏

第七节　交通工具

（一）车

　　考古文物和魏晋壁画墓表明，汉晋时期敦煌地区以骑马和乘车作为主要代步工具，其中尤以马、牛、骆驼等畜力牵引的车辆为主，均双辕双轮。敦煌北朝至唐代壁画中车乘仍不脱上述几类，能代表当时古车技术水平的仍属马车，而最能代表畜力挽车技术进步和水平的为挽具的革新与进步（见上节"畜力挽具"）。

　　马车主要有安车、辎车等。北魏第257窟西壁九色鹿王本生故事中，国王、王后乘曲辕拱顶长檐安车（图6-46），该车造型精巧优美。隋代第419窟人字顶西披法华经变中绘一独辀辎车，独辀车流行于上古三代，此图"复古"，似为佛传故事内容需要的表现。

　　壁画中还绘有许多四轮或六轮宝幢车，如中唐第360窟南壁弥勒经变中所绘六轮宝幢车。我国传统文化流行两轮车，先秦时

图6-46　曲辕拱顶长檐安车　莫高窟第257窟西壁　北魏

期有四轮车称辒、轴、辒车、蜃车^[111]，名称不同，功能有异，但均在复杂的丧礼过程中分别用于载运灵柩；汉代以后称软（辒）车。王莽改制曾造大辂华盖九重，高"八丈一尺"，载于四轮车，被众官私下讥为"此似软车"^[112]。敦煌壁画唐代中期以后壁画出现的多轮车，多出自《佛说弥勒大成佛经》，说弥勒下生成佛，人间（"阎浮提地"）也成净土，城邑富乐。有翅头末国国王儴佉造七宝台，台三千重，其下"千头千轮，游行自在"^[113]。"千轮"无非为衬托、表示七宝台的高大宏伟，壁画中的多轮车应取宝幢车"千轮"的象征意义。

（二）舟船

敦煌地处戈壁绿洲，没有使用舟船的基本条件，但由于壁画表现佛教内容的需要（如《法华经》观音救海难、《报恩经》善友太子入海求宝等），绘有大量舟船图。有意思的是，从北周至元代，舟船形态呈现出一个从小到大的演变趋势。北周至隋，多小型舟、筏。如隋代第303窟人字披东披《法华经变》观音救海难中的小舟。唐代以后，渐次出现大木板船、帆船、楼船等。榆林窟西夏晚期第3窟东壁《文殊变》所绘慈航普渡的接引船，形如宫殿。舟船之于敦煌，重在它的宗教文化内涵及象征，并无实质应用意义。

（三）肩舆

由于道路条件的限制，遂有"舆轿而隃（逾）领（岭）"^[114]的记载。最早舆轿实物见于战国时期河南固始侯古堆一号墓所出漆木舆轿^[115]。西晋时期称"肩舆"，因以人肩扛，又称"平肩舆"；宋代开始称"轿"。从顾恺之《女史箴图·班婕辞辇图》和北魏司马金龙夫妇墓出土漆屏风画《汉成帝班倢伃》图可知，其时肩舆作横长方形，两侧舆底设舆杆，上张网状通幰，由八名役夫扛抬（俗称"八扛舆"）。以上肩舆造型不脱殷商古车舆窠臼，其特点为"人荷而行"^[116]，即所谓"肩行之车"^[117]，其名"肩舆"可谓得当。

敦煌壁画中肩舆造型丰富多样，舆身形制有亭式（含四角、六角）、屋殿式等。如唐代第323窟南壁东侧上部佛教史迹画绘一高僧所坐亭式肩舆由6名役夫肩举（图6–47），此舆虽仍横长方形，但增加俯仰相合的硬质材料的盝形顶，其造型与上举晋代和北朝肩舆明显不同。中唐第202窟西壁绘女供养人乘典型的四角攒尖亭式肩舆。

【111】分别见《礼记》"檀弓上""杂记上"及《仪礼·既夕礼》《周礼·地官·司徒·遂师》。

【112】《汉书·王莽传》，中华书局，1962年，第4169页。

【113】《佛说弥勒大成佛经》，《大正藏》，第14册，新文丰出版公司，1983年，第430页。

【114】《汉书·严助传》，中华书局，1962年，第2779页。

【115】《河南固始侯古堆一号墓发掘简报》，《文物》，1981年，第1期，第1页—8页。

【116】元人黄公绍、熊忠《古今韵会举要·步》（中华书局，2000年，第323页）："后世称辇曰'步辇'，谓人荷而行，不驾马。"

【117】《明史·舆服志》（中华书局，1974年，第1604页）："轿者，肩行之车。"

图6-47　亭式肩舆　莫高窟第323　　图6-48　盝顶六角舆轿　莫高窟第9窟南壁　晚唐
窟南壁　初唐

晚唐第85窟窟顶南披弥勒经变壁画中绘歇山顶屋殿式肩舆。值得注意的是，晚唐第94、第9窟出现盝顶六角舆轿，舆杆位置上升至舆轿轿身的1/3处（图6-48）。舆杆上升标志着该轿重心的上移，而这一特点显然是伴随着轿内安置垂足椅凳、乘舆轿之人垂足坐而产生的，从而使舆轿与轿杆承力点的承力比更为科学合理，增强了乘轿者的稳定性和舒适性。入唐后的手抬舆杆，常又称为"腰舆"[118]。

　　敦煌壁画中的肩舆、舆轿填补了两晋肩舆的古车舆之状至宋代已完全规范化肩舆、轿造型变革的重要中间环节，对于研究唐代舆轿的造型、演变具有重要的史料价值。

第八节　造纸、印刷与装帧

（一）造纸

　　汉代敦煌悬泉遗址出土了西汉至晋代纸张遗物，最早的为武帝时期，为中国造纸的起源和加工发展过程提供了新的实物资料。藏经洞所藏早期写本和敦煌西北烽燧遗址出土的纸本粟特文信札，成为西晋和十六国初期纸向西传播的有力物证。8世纪之前，中国的造纸术发展进步不大，而敦煌地区4至8世纪连续不断的纸质写本，

【118】阴法鲁、许树安主编：《中国古代文化史（一）》，北京大学出版社，1989年，第368页。

为中国中古时期造纸状况的研究提供了重要标本（其中多有纪年）。

英国学者克莱佩顿潜心研究世界造纸史，其通过对15例伦敦藏敦煌卷子纸质的研究，从自然科学角度确认该纸生产于5世纪初至10世纪末[119]，与文书纪年表明的相关年代完全契合，因而其研究方法和研究成果是可信的。我国科技史专家潘吉星先生研究认为：敦煌文献晋六朝用纸多是麻纸，隋唐除麻纸外，有楮皮、桑皮纸；五代时麻纸居多。其中：

> 麻类的写经纸一般经过下列过程来制造：①选料→②湿润→③切碎→④洗涤→⑤浆灰→⑥蒸煮→⑦洗涤→⑧捣料→⑨洗涤→⑨打槽→⑪抄纸→⑫干燥→⑬加工、整治。[120]

敦煌用纸除内地供应外，因敦煌地区桑、麻并重，不存在造纸原料问题，因而本地亦自行造纸。敦煌文书称造纸专业技术工人为"纸匠"[121]、"打纸师"[122]。纸据质地不同分为大细纸、次细纸、次纸、细纸、粗纸、钱财画纸、钱财纸及钱财粗纸等。细纸以上用作官府文书，细纸还用于记账、写经、文书等；粗纸用于一般性的书写、祭祀；钱财粗纸用于敦煌诸神等常例祭祀。

为防虫蛀，敦煌文书纸张多经过染黄处理。即将纸放入蘗（黄柏，含较多的小蘗碱）浸泡过的水中，刘熙《释名》称"潢"。经蘗浸液处理，纸张呈黄色，具有抗虫的效能。现在所看到的北朝隋唐时期的精抄本，纸张都呈黄色，就是上"潢"的结果，事实证明这种防虫蛀的措施是有效的。

敦煌造纸业的发展受到各种因素的影响，其中最主要的就是佛教的影响。随着佛教的发展、普及，写经活动极盛，各种佛事活动中例行的记账、书写文书、画像等都需要大量的纸。除官府用纸由官府管理的纸作坊提供外，寺院及民间用纸均需商业购买。由于纸张并不易得，这样就出现了敦煌写本中许多废弃的官府文书和契约文书被用来写经的现象。而这一做法在客观上却意外地将中古时期大量官府文书档案等文献随佛经一道得到保护而留存。

（二）印刷

印刷术发明之前，文书、典籍都以写本的形式存在。东周至魏晋，多写于竹木简牍，春秋战国之际出现了写于丝织品的帛书。东汉造纸普及，出现写本书籍。敦煌文书恰逢纸本手写文书最流行的历史时期，故多为纸质写本。印刷术是我国古代的一大

【119】克莱佩顿（R.H.Clapperton）《世界手工造纸史》，牛津，1934年，第23页—25页。

【120】潘吉星：《中国造纸技术史稿》，文物出版社，1979年，第171页—178页。

【121】S.542 V 0（4）《戌年沙州诸寺丁持车牛役簿（附亥年至卯年注记）》其中第121行记载灵图寺寺户"蔡曹八，纸匠"；晚唐第196窟供养人题名有"故父纸匠都料何员住""纸匠何员定"等。

【122】P.4525（2）V 06《杂写》载"打纸师阿师木槌高""打纸安师"等。

发明，古代印刷术经历了雕版印刷和活字印刷两个发展阶段。汉代的印章，可谓雕版印刷的先驱。隋代已有雕版印刷的记载。

我国虽然很早就发明了雕版印刷技术，但早期的雕版印刷品大多没有保存下来，因而，敦煌文献中保存的雕版印刷品成为世界上现存最早的印刷品的一部分。其中有"咸通九年（公元868年）四月十五日，王玠为二亲敬造普施"题记的木刻雕版本《金刚般若波罗蜜经》（现藏大英博物馆，编号S.P.2），是现知有确切纪年的世界上最早的木刻雕版印刷品真迹书籍。此件由7张纸粘成一卷，全长496.1厘米，高26.8厘米。前7纸纸张相同，长70.8厘米。其中第1纸为刻印佛像，第2纸到第7纸为木刻《金刚经》。其后用废弃残状纸所接托尾，尾原有轴，两端涂黑漆，顶端点朱漆（图6-49）。该卷印品刀法纯熟、雕刻精美，图文浑朴凝重，印刷的墨色也浓厚匀称、清晰鲜明，刊刻技术已达到较高水平。

敦煌北区的考古发掘发现的西夏文活字版《诸密咒要语》，为西夏中晚期的活字印刷品。尤其可喜的是，北区发掘不仅出土了一批回鹘文文献的活字印刷本，还出土了48枚回鹘文木活字，可以说这是北区考古发掘的最重要收获之一。虽然毕升在

图6-49　雕版印刷《金刚般若波罗蜜经》（S.P.2）扉页　唐

宋仁宗庆历年间（公元 1041 — 1048 年）发明了胶泥活字用于排版印刷，完成了印刷史上一项重大的革命，可惜的是，毕升的发明并没有得到应有的重视。除了西夏以之用于印制西夏文佛经外，中原地区却并无活字印刷品，更不要说用于排版的活字字坯。连同上世纪初伯希和劫往法国、鄂登堡劫往俄国及敦煌研究院收藏的回鹘文木活字，莫高窟北区发现回鹘文木活字总计达 1118 枚，且多位于第 464 窟附近。由于回鹘文活字表面尚存墨迹，彭金章、王建军先生研究认为："当年在莫高窟北区曾经有过印经活动，其印经场所或许就在第 464 窟附近。北区洞窟出土的活字版回鹘文文献中，有一些很可能是在北区印刷的。"[123]这些发现，填补了藏经洞所出文献、文物的空白，为研究当时的民族、宗教、文化、历史、地理、交通及与中亚的关系等提供了新的珍贵资料，对于推动敦煌文化的深入研究和更大发展具有重要意义。

（三）装帧

敦煌文书的装帧几乎涵括了古书的各种装帧形式，有卷轴装、梵夹装、经折装、旋风装、蝴蝶装、包背装和线装等。其中绝大多数是卷轴装，亦称卷子装，是纸质书籍出现后流行时间最长、普及地域最广的主要装帧形式。

卷轴装，其做法是：将纸张按需要粘成长卷，再用圆形木棍粘结于纸的一端，阅时展开摊平，阅后卷成卷轴（图 6-50）。

梵夹装，从印度传来。印度很长一段时间都是把佛经抄于贝多罗树叶上，遂称贝叶经。叶片上穿两孔，把一定数量的贝叶经摞在一起，夹两块硬板再用绳子穿起来。阅读时使绳放松，以翻动经叶；读完佛经将绳扎紧，又因经为梵文，故名梵夹装。敦煌文献中的梵夹装仅是仿其装帧而已。

经折装，将长卷佛经依一定行数与宽度，连续左右折叠，形成长方形的一叠，再在其前后粘贴与经叠同样大小的厚硬纸作为封皮。

旋风装，按先后顺序依次将经纸粘贴于整张纸上，收藏时从右向左卷起、捆紧，看似卷轴装，放开时书页像旋风般展开，故名。

蝴蝶装，将单面印有文字的纸面朝里对

图 6-50　卷轴装　S.1040《书仪》

【123】彭金章、王建军：《敦煌莫高窟北区洞窟所出多种民族文字文献和回鹘文木活字综述》，载彭金章主编《敦煌莫高窟北区石窟研究》，读者出版集团，2011 年，第 89 页。

折，再以中缝为准，半折页排好顺序、对齐，用糨糊将折边逐页粘贴在一起，形成书脊。由于版心位于书脊，仿佛蝴蝶的身躯，展开翻阅书籍便似蝶翅纷飞，故称蝴蝶装。

包背装，其折页方向与蝴蝶装相反，文字面朝外，折页的中缝在书口一边。折好后以书口为准戳齐，在书脊的一边打眼，用纸捻订起砸平。最后用稍大于书页的硬厚纸对折，粘于书脊，把封面、书脊和封底全部包起来，即为包背装。

线装，现仍常见，但现看到的仍在使用的线装书均不早于明代。敦煌保存了一批唐末、五代、宋初用线或丝绳缝装书页而成的书籍，可视为线装书的早期形态。

第七章　多元文化的敦煌

多元文化的敦煌

第一节　华戎交汇

敦煌位于丝绸之路的要冲，自古以来就被称为"华戎所交一大都会"。隋唐时代，随着丝绸之路的繁荣，敦煌越来越体现着国际都会的作用。隋炀帝西巡之前，曾派黄门侍郎裴矩到河西一带调查，裴矩写成《西域图记》三卷呈炀帝，其中详细描述了丝绸之路由敦煌以西分为三道，通向西方的交通情况，并提道："总凑敦煌，是其咽喉之地。"[124]唐以后比较宽松的对外贸易政策，吸引了大量的外国客商来敦煌一带从事商业活动，西域不少国家都有移民长期住在敦煌一带。据敦煌文献记载：唐代沙州（敦煌）所辖的石城镇（若羌）就是频繁往来于丝绸之路的粟特人所建。沙州所属的从化乡中，居住着大量的西域人，所谓昭武九姓之人（康、安、石、曹、罗、何、米、史等）。敦煌附近还有很多驿站，有清泉、白亭、双泉、悬泉等。除了为来往公使提供生活居处外，还为大量的客商提供生活方便。胡商来往的状况到了晚唐、五代的归义军时代仍然盛行，敦煌文献中记载了归义军接待来自西州、庭州、楼兰等地使节，有回鹘使、于阗使等。在开放的社会文化环境中，敦煌不仅佛教盛行，而且不同民族的宗教同样在敦煌流行，如祆教、摩尼教、景教等，都在敦煌留下了重要文物。佛教传入中国后，敦煌就成为重要的佛教都会，名僧辈出，寺院石窟营建不绝。如晋武帝时高僧竺法护随师游历西域诸国，带回了许多佛经，先后在敦煌、西安、洛阳等地翻译、传法，被誉为"敦煌菩萨"。北凉时期，罽宾僧人昙摩密多从龟兹来到敦煌，修建了严净的寺院。五世纪初期，出生于中天竺的高僧昙无谶也曾在敦煌从事传道和译经活动，对河西一带佛教影响很大。法显到印度取经途中，曾于公元400年在敦煌停留，得到当时敦煌太守李暠的资助。唐代玄奘到印度取经，曾路过瓜州，到贞观十八年（644）玄奘带着大量经典从印度返回时，唐太宗令敦煌太守于沙漠中迎接玄奘。印度、西域的高僧从西而来，中原的高僧从东而来，都不同程度地把外来的文化与中原的文化传入敦煌，佛教的发展极大地促进了敦煌石窟的营建，而在中外宗教、文化交流的背景下，敦煌石窟的彩

【124】《隋书》卷67，《裴矩传》，中华书局，1973年。

敦煌文化探微

塑壁画自然就反映出来自印度、中亚以及来自中原的不同艺术风格。

敦煌石窟早期禅窟和中心柱窟的建筑形制，就分别受印度毗诃罗窟、支提窟形式的影响；穹隆形龛、圆券龛也可看到印度、中亚佛龛影响的痕迹。敦煌石窟早期彩塑如交脚菩萨像等，就是典型的犍陀罗风格；而佛像的造型特征，既有犍陀罗的因素，也有印度本土秣菟罗的特征。早期壁画中表现人物采用的凹凸画法是受印度和西域绘画技法的影响；中晚唐石窟表现释迦牟尼瑞像图的内容，多据印度、尼泊尔、犍陀罗的佛教传说绘制；中、晚期壁画有从印度经过吐蕃传来的密教内容。莫高窟第268窟（北凉）壁画的龛柱就是古希腊建筑爱奥尼亚柱式；第285窟（西魏）壁画中的日神、月神图像，既有印度和中亚栗特艺术的因素，又有希腊和波斯艺术的影响；隋唐时期敦煌壁画中大量出现圆形联珠纹、联珠骑马狩猎纹、联珠对马纹、菱格狮凤纹等装饰纹样都是当时波斯流行的图案纹样，随着中国与波斯国的交流而大量传入中国。

藏经洞文献中除了汉文佛经外，还有大量的古藏文、回鹘文、于阗文、栗特文、龟兹文、梵文、吐火罗文、突厥文等非汉文文献；还保存有景教（古代基督教中的一派）的《大秦景教三威蒙度赞》《尊经》《志玄安乐经》等经典和景教画像，有摩尼教的《摩尼光佛教法仪略》《摩尼教残经》等经典。此外，莫高窟北区石窟还出土叙利亚文旧约圣经和铜十字架；反映了来自印度、中亚、西域等地以及中国西北各民族的宗教文化。另一方面，在藏经洞文献中同样有大量的中国道教经典，如《老子道德经》《无上秘要》《太玄真一本际经》等；有儒家典籍如《周易》《尚书》《诗经》《论语》等等。说明了中外文化交融与并存是敦煌文化的一大特色。

据画史记载，早在南北朝时代就有画外国人物的。唐代阎立德、立本兄弟都曾在宫廷供职，他们参与一些外事活动，能亲眼见到外国使节。因此，常画外国人物，今"台北故宫"还藏有传为阎立本的《职贡图》。当时还有不少画家画出表现外国人的作品，如张南本的《高丽王行香图》、周昉的《天竺女人图》等等。画家李衡、齐旻等"画蕃马，夷戎部落，鹰犬鸟兽之类，尽得其妙"[125]。从考古发掘的文物中，就有不少唐三彩的外国人物图，如波斯人、大食人、高丽人等，还有很多无法确认其身份的外国人。敦煌壁画在经变画表现世俗听法之人或者表现世俗人物礼佛的场面，往往会画出外国人物和少数民族人物形象，反映了当时来往于丝绸之路的中外各阶层人物。第220窟东壁的《维摩诘经变》中，北壁文殊菩萨下部画出中国的帝王；南侧的维摩诘像下部画出了各国王子等人物形象，最前面一人较矮小，头顶一个盘，盘内好像是盆景的假山，或是珍宝，紧接其后有两人，卷发，半裸，仅着短裤，身体较黑，类似南印度或东南亚的人物。李贺诗中就有"卷发胡儿眼睛绿，高楼夜静

【125】朱景玄《唐朝名画录》，四川美术出版社，1985年。

图7-1　各国王子图　莫高窟第103窟东壁　盛唐

吹横竹"[126]之句。在卷发的二人身后有一人戴毡帽，身体高大，穿长袍，脚穿高筒皮靴，他身旁的一位僧人穿圆领长袍，脚着红色高筒皮靴，此二人穿着较大的长袍，衣服的质地也较厚重，可能是中亚一带的人物形象。在红袍僧人的旁边还有一身材高大的人物，上着宽领大衣，下着长裙，头冠上插有两根羽毛。这个人物的服装与章怀太子墓中"客使图"壁画中的一个人物十分相似，有人推测章怀太子墓壁画客使图中这个人物是新罗人。那么，敦煌壁画中也有新罗（今朝鲜）人的形象。这样集中表现外国人形象的还有第103窟东壁、194窟北壁、158窟北壁等等。其中第103窟壁画中，还有一位外国人是上身裸露，仅穿短裤的老人形象，他的身上斜披一道飘带，头上用一块布包着头发，从他的装束和神态来看，可能是印度人的形象（图7-1）。第158窟北壁表现涅槃经变中各国国王与王子举哀图，除了表现汉族、吐蕃族的国王形象外，还表现一些人物或以刀割鼻、割耳，或以剑刺腹，反映了中亚某些民族表达悲哀的方法，与有关历史记载相符。

【126】李贺《龙夜吟》，《全唐诗》卷394，中华书局，1960年。

第二节　多民族交融

中古时期的敦煌周边地区长期存在着少数民族政权，这些民族在一定程度上又影响着敦煌的居民。而地处丝绸之路交通要道的敦煌，就形成了汉民族与周边各民族和谐相处，相互交融的状况，除了中亚的粟特等民族外，唐代后期又与吐蕃、吐谷浑、回鹘等民族有较长时期的共同生活的历史。因此，敦煌文化具有多民族多元文化并存的特点。

（一）粟特

1907 年英人斯坦因在敦煌发现了 8 封古粟特文信札。这些书信写于西晋末年，分别从金城（兰州）、姑臧（武威）和敦煌发出，寄往撒马尔干（在今乌兹别克斯坦境内），不知什么原因没有发出去，而被埋藏于敦煌附近的长城脚下。通过对这些信件的研究，我们知道了有一个以姑臧为主要基地的粟特商人集团在西起撒马尔干，东至洛阳的丝绸之路沿线从事商业活动，经营的商品有黄金、麝香、胡椒、樟脑、麻织物、小麦等粮食作物以及中国丝绸。粟特是古代中亚历史上最活跃的民族之一，其经济、文化水平很高，知农善艺，并且拥有记录自己语言的特殊文字——粟特文。他们以擅长经商而闻名，被称为"商业民族"，其商业活动不仅沟通了东西方之间经济、文化交流，也使自己独特灿烂的文化沿着古老的丝绸之路传播至东方。敦煌的有关文献如《沙州伊州地志》（S.367）还记录了唐代隶属于沙州（敦煌）的石城镇为粟特人的聚居地。

（二）吐蕃

敦煌文书中古藏文写本有数千件，大部分为佛经，但还有不少是吐蕃的典籍、文学作品和世俗文书等，对于研究吐蕃历史文化具有重要意义。如《吐蕃王朝编年史》共有三件写本（P.t.1288+S.t.750、Or.8212.187），按年代记录了自 650 年到 764 年年间的吐蕃王朝大事，包括会盟、征战、狩猎、税收等方面，大部分都不见于唐朝文献，非常珍贵。此外，还有《吐蕃王朝大事记》（P.t.1286+P.t.1287）记录了吐蕃王朝早期的详细史实，《小邦邦伯与家臣名表》(P.t.1286/1) 记录了吐蕃王朝兴起前，青藏高原上各个部落或邦国的情况。《吐蕃赞普世系表》（P.t.1286/2）记录了自吐蕃王朝远祖聂赤赞普以后三十九代、四十一位赞普的名字和世系。《崇佛赞普名录》（P.t.849），记载了崇佛的赞普和大德的名字。而在汉文文书中，也有不少反映吐蕃历史包括吐蕃统治敦煌期间史实的内容，如《戌年（830）敦煌官吏呈请状》（P.t.1089）叙述了凉州、沙州各级军镇的职官体系，要求改善待遇，是了解蕃汉官制和机构设置的重要资料。《顿悟大乘正理决》（P.4646）叙述了吐蕃时代一次重要的佛教论争，成为我们了解当时佛教在吐蕃发展状况的重要资料。781–848 年，吐蕃统治敦煌，

图7-2　吐蕃赞普供养图　莫高窟第159窟东壁　中唐

其间敦煌石窟新建洞窟有 50 多个，这一时期的洞窟壁画中出现了吐蕃赞普的画像及吐蕃与汉族共同生活的画面（图 7-2），反映了吐蕃民族在敦煌一带活动的史实。

（三）回鹘

是今维吾尔族和裕固族的祖先，回鹘强大起来，在漠北建立了回鹘汗国，并有了本民族的文字。大约在 9 世纪中叶以后，漠北的回鹘为黠戛斯所破，四处奔散。一部分投向占领河西的吐蕃，被安置在以甘州为中心的河西一带，称为甘州回鹘；一部分占据吐鲁番一带，称为西州回鹘。敦煌在晚唐五代时期与回鹘势力或战或好，曹氏家族时代多采取和亲的政策与回鹘保持和平共处的关系。约 11 世纪前半叶，回鹘势力发展到敦煌一带，称为沙州回鹘。在敦煌石窟留下了不少回鹘风格的壁画（图 7-3），包括回鹘国王及王后供养像等相当数量的回鹘供养人像及回鹘文题记，成为研究回鹘历史文化的重要资料。而在藏经洞发现的文献中也有回鹘文写本 40 多件，在莫高窟北区还发现了回鹘文木活字，这些重要资料展示了回鹘民族曾在河西、敦煌一带活动的历史状况。

（四）党项

党项羌族于 1036 年初占领了敦煌，1038 年党项族建立了西夏王朝，此后西夏统治敦煌近 200 年，是敦煌历史上统治时间最长的少数民族政权。党项族崇信佛教，西夏时代的敦煌石窟新建和重修的洞窟有 80 多个，这期间西夏接受了来自西藏萨迦派的佛教思想，除了沿袭北宋以来的一些传统风格外，还有不少藏传佛教艺术风格的壁画，其中如建于 1193 年的榆林窟第 29 窟，洞窟中央有一座圆形高台，就是

图7-3　回鹘国王供养像　莫高　图7-4　西夏供养人　榆林窟第29窟西壁　西夏
窟第409窟东壁　回鹘

表现藏传密教的曼荼罗（坛城），壁画既有传统显教的内容，也有藏传密教曼荼罗。其中还有44身供养人像（图7-4），通过西夏文题记的解读，不仅使我们得知此窟为时任西夏沙州监军司的军官赵麻玉的家窟，以及开凿年代为1193年，而且还从中了解到当时西夏佛教发展的相关信息。榆林窟第2、3窟也同样具有汉、藏两种风格的壁画，第3窟出现了大幅水墨山水画，反映了两宋山水画对西夏艺术的影响。莫高窟还发现了西夏文雕版印刷的佛经。敦煌保存的大量西夏时代图像与文献资料，展示了党项族文化的不同方面，并补充了正史记载的不足。

第三节　胡风东渐

（一）胡服

在中国与外国的广泛交流中，外国的服装对中国产生了较大的影响。中国古代服制，讲究等级尊严，以服饰来区分等级的倾向较明显，地位越高，服装越复杂。但到了隋唐时代，很多贵族却向往胡人的服装，使胡服流行于中原。初唐时，妇女如骑马在外，往往要戴幂䍦，这是一种带有面纱的帽子，在帽子后面有裙，一直遮盖到身上。后来改为帷帽，仅把颈部遮挡。但很快连帷帽也不用了，完全把面部、发髻露于外，与男人一样骑马驰骋。这一现象甚至引起了一些守旧士人的非议。在胡服的影响下，衣服向着襟袖窄小的方向发展，妇女服装往往领口较低，袖子窄小，甚至还穿半臂。到了开元天宝年间，男人穿胡服，戴貂皮帽，妇人头上饰步摇钗，穿窄小襟袖的衣服成为时尚。白居易在《时世妆》的诗中讲到女子学胡装，面部不施朱色而以赭色染面，头上梳椎髻等，可见"胡妆"已成为当时的时尚。

> 时世妆，时世妆，出自城中传四方。
>
> 时世流行无远近，腮不施朱面无粉。
>
> 乌膏注唇唇似泥，双眉画作八字低。
>
> 妍媸黑白失本态，妆成尽似含悲啼。
>
> 圆鬟无鬓堆髻样，斜红不晕赭面状。
>
> ……
>
> 元和妆梳君记取，髻堆面赭非华风！[127]

又据《新唐书·五行志》记载："元和末，妇人为圆鬟椎髻，不设鬓饰，不施朱粉，惟以乌膏注唇，状似悲啼者。……唐末，京都妇人梳发以两鬓抱面，状如椎髻，时谓之'抛家髻'。"[128] 这些服装的时尚，主要是在外来文化的影响下形成的。在敦煌壁画中即可见妇女梳椎髻、抛家髻等形象。唐代诗人元稹有"女为胡妇学胡妆，伎进胡音务胡乐"[129] 的名句，讲的就是唐代胡服与胡乐流行的情况。《新唐书·承乾传》记载太宗子承乾使奴仆"习音声，学胡人椎髻，剪彩为舞衣……"[130] 当时长安城中有许多来自中亚的音乐家，见于记载的善弄琵琶的康昆仑、曹保、曹善才等。善吹筚篥的安万善及歌者何满子、何戡等。敦煌壁画中伎乐演奏的乐器，有相当一部分是外来乐器，如箜篌、琵琶、胡琴、羯鼓等等，而琵琶的样式竟达 50 种，反映了琵琶由外来乐器逐步成为中国传统乐器的演变发展历程。

（二）外来物质文明

当中国的丝绸、陶瓷、纸张等通过丝绸之路源源不断地传到西方时，西方人也同时带来了中国过去所没有的葡萄、苜蓿、郁金香等植物，狮子、豹及西域名马等。还有精美工艺品，如金属工艺、琉璃和玻璃、尼绒、毛毯及各种装饰物等。这些外来的物产今天大多已不存，只有极少数因考古发掘得以见到。而在敦煌壁画中却留下了大量的形象资料，如初唐第 209、329 等窟的藻井图案中有石榴纹装饰，说明当时人们对葡萄的喜爱。唐朝时曾有康国、吐火罗等国先后向唐朝献狮子；南方的林邑、真腊等国都曾向唐朝进贡大象。当然这些大象到了中国，便成了珍稀动物，通常只是关在禁苑，遇到有庆典活动时，拉出来让士庶百姓观赏一下，增加热闹的气氛而已。敦煌壁画受印度和西域的影响，其中的狮子和大象等形象，描绘得比较真实。

【127】白居易《时世妆》，《全唐诗》第427卷，中华书局，1960年。

【128】《新唐书》卷34，《五行志》，中华书局，1975年。

【129】元稹《法曲》，《全唐诗》卷419，中华书局，1960年。

【130】《新唐书》卷80，《承乾传》，中华书局，1975年。

敦煌文化探微

波斯风格菱格纹　莫高窟第427窟　隋　　图7-6　持玻璃碗的菩萨　莫高窟第401窟北壁　初唐

　　南北朝到隋唐时期，波斯的工艺品通过丝绸之路大量传入了中国，如狩猎形象是古代波斯最流行的主题，表现狩猎形象的银盘就曾在中国北方发现很多。波斯萨珊朝（3世纪—5世纪）正是罗马帝国强盛的时代，欧洲的罗马文化、西亚的波斯文化与中国文化在从中亚到西亚的广阔的地域相碰撞，处处留下了文明交汇的脚印。敦煌西魏第249窟窟顶壁画中就有波斯风格的狩猎图。隋到初唐时期敦煌彩塑与壁画菩萨的服饰中，出现大量的波斯纹饰，如联珠对鸟纹、联珠对兽纹、菱格狮凤纹等，第427窟中心柱正面佛两侧的胁侍菩萨上身的僧祇支均画出联珠纹和菱格纹，菱格中有狮、凤图案（图7-5）。第420窟龛内胁侍菩萨的裙子上绘出狩猎图案的联珠纹，这些图案正是当时波斯纹织物中较多出现的纹饰。在新疆一带出土的纺织物中，也有联珠纹图案的，最初这样的联珠纹图案是来自波斯的织锦，但在唐以后，中国也能按波斯的技术来制作织锦了。所以在丝绸之路沿线出土的唐代织锦中，常常会发现其图案风格和制作方法完全是波斯式的，但其中又织出汉字纹样，说明是中国人按波斯技术制作的。

玻璃、琉璃，曾经是十分珍贵的东西，最初传入中国时只有帝王和一些贵族能够拥有。在隋唐敦煌壁画中，如初唐第401窟的菩萨手持玻璃碗（图7-6），碗边还镶嵌着宝珠，盛唐第199窟的菩萨也手捧一玻璃杯，杯中插花。类似的玻璃器皿，在不少洞窟壁画中均有出现，反映了当时玻璃器皿流行。香炉作为礼佛的供器，往往借鉴外国样式而制作。唐代的香炉工艺精湛，样式繁多。陕西扶风法门寺地宫出土镀金的银香炉，底座有六腿，香炉盖为莲蕾形，底座和炉壁的边缘分别有坠饰。而类似的香炉在敦煌壁画中也可见到。唐代后期壁画中流行的香炉是下部有莲花形底座，香炉上部敞口呈八边形或六边形，上部有圆形镂空的盖，中央往往饰宝珠。

汉代以来两千多年的历史长河中，敦煌始终以中华传统文明为根基，不断吸纳着来自其他地域其他民族的文明成果。敦煌文化一方面体现了中国传统文化的特色，同时又闪现着印度文明、古代波斯文明、希腊文明和中亚地区多民族文明火花，敦煌石窟是多种文明汇流的结晶。

第八章　敦煌的启示

第八章

敦煌的启示

第一节　艺术家的圣地

20世纪的中国，经历了五四运动之后，由于西方各种思潮的冲击，中国的艺术家们对传统艺术产生了较长时间的怀疑、批判、反思。抗日战争开始后，民族意识加强，传统文化得到了空前的关注。30年代末，越来越多的学者和艺术家们到中国西北对文物古迹进行考察，以敦煌为代表的传统艺术开始被介绍出来。人们认识到了像敦煌艺术这样由古代无名艺术家们创造的艺术富有极强的生命力，直到今天仍然有着取之不尽用之不竭的源泉。张大千、王子云、常书鸿、关山月等富有远见的画家们看到了这一点，并身体力行，到敦煌进行临摹、研究，不仅自己学习，还把敦煌艺术介绍给世界。敦煌艺术已成为这个时代中国艺术家进行创新的重要源泉。

1938年画家李丁陇到敦煌临摹壁画，并于次年回到西安，举办了"敦煌石窟艺术展"，在当时引起轰动。特别是其中高2米、长15米的《极乐世界图》巨幅长卷吸引了观众。1941年初，李丁陇又到成都和重庆办了展览，并与张大千相识。正因受其影响，张大千也产生了要去敦煌的打算。

1941年画家张大千带领家眷与学生来到敦煌，开始了壁画临摹工作。为了更深入地把握敦煌艺术的内容与艺术风格，到达敦煌之初，张大千先率领弟子们清理窟内的积沙，为洞窟作了编号，经过反复观摩，大致分出了洞窟的时代。在敦煌文物研究所石窟编号没有公布之前，张大千的敦煌石窟编号被学术界普遍采用。张大千虽然没有专门写论文研究敦煌壁画，但是他的一些记录和谈话，反映了他对敦煌壁画的深刻认识，至今仍然是富有启发性的。他说：

> 两魏疏冷，林野气多；隋风拙厚，窍奥渐启；驯至有唐一代，则磅礴万物，洋洋乎集大成也；五代宋初，蹑步晚唐，迹渐芜近，亦世事之多故，人才之有穷也；西夏诸作，虽刻划极钝，颇不屑踏陈迹，然以较魏唐，则势在强弩矣。[131]

1941年，张大千临摹了第一批壁画临品，就托人带了20幅到成都开办"西行

【131】引自叶浅予：《张大千临摹敦煌壁画画册序》，《张大千临摹敦煌壁画》，四川美术出版社，1985年。

记游画展"。这年冬天，张大千在兰州稍事休整，第二年初春再次来到敦煌，画家谢稚柳也与张大千同来。谢稚柳在临摹壁画的同时，对石窟内容进行了详细的考察，后来写成了《敦煌艺术叙录》。张大千还专门到青海请了当地绘制唐卡的喇嘛来帮助他临摹壁画。从1941年到1943年，两年多的时间里，张大千及其弟子们克服无数困难，足迹遍及莫高窟、榆林窟，临摹壁画200多幅。张大千采用的临摹方法是尽可能地复原壁画的原貌。他根据自己对壁画的考察和推断，按照自己认定的壁画原貌来恢复那些绚丽的色彩。1944年，"张大千临摹敦煌壁画展"相继在成都、重庆等地展出，引起了社会的关注。敦煌艺术的推广，使人们看到了传统艺术的重要方面，从而改变了过去对中国绘画史的单一认识，很多艺术家因此使自己的艺术道路产生了改变。在推动中国现代美术发展的进程上，张大千是功不可没的。对于张大千个人来说，敦煌壁画的临摹是他绘画艺术发展的重要阶段。经过敦煌艺术的熏陶，张大千在人物画方面有了新的风格，由于对色彩的领悟，使他在山水画、花鸟画上采用极为大胆的泼墨泼彩法，尤其是山水画表现得十分雄浑而层次丰富。台湾学者巴东在他的著作《张大千研究》中就以张大千作品《慈湖图》为例，说明敦煌艺术对张大千的熏陶：

> ……山顶上青绿重彩之设色造型，透出像蓝绿宝石一般炫目瑰丽的视觉效果，宛如佛像菩萨头后的圆形背光，极具宗教性之庄严象征，足见大千画作之创作理念深受敦煌佛教艺术之影响。[132]

张大千晚年的绘画已经把敦煌壁画中那种恢宏的气度和绚烂的色彩自由地运用于山水画、花鸟画中。这是对传统艺术的融会贯通。如作于1981–1983年的巨作《庐山图》，除了表现出横卷山水的宏大构成外，有时以墨线的皴法来表现山的轮廓，有时却又用水墨或重青绿作酣畅淋漓的泼染。这种形与色的变化，最令人想到敦煌壁画中那些金碧辉映与斑驳陆离的状况相间的画面，那种历史的沧桑感与华丽而细致的表现相结合的构成，正是某些敦煌壁画的视觉效果。没有这样的视觉体验，从明清以来绘画传统中绝不会产生这样的作品。不仅山水画如此，在张大千彩绘荷花作品中也常常可以看到类似的效果。如作于1975年的《泼墨勾金红莲》，由泼墨表现出的深浅不同的墨色中，却有金色勾描的莲花。这不是一般性的写意与工笔对照的表现，在混沌的画面中偶然出现那样精致而艳丽的形象，犹如敦煌壁画中所见——在大量变色的模糊的壁画中却保存着那么一两个完整精美的菩萨或者天人形象。正因为周围壁画的剥落与模糊，更映衬出那完整的画面是那样突出而醒目。明清以来的画家们并非没有用泼墨乃至泼彩的，但像张大千

【132】巴东《张大千研究》，第164页，（台湾）历史博物馆，1996年。

这样表现强烈、色彩艳丽，却又能达到对比中的统一，壮阔中又不乏精致的，却是前所未有。

1940年由当时的国民政府教育部派遣，画家王子云率"西北艺术文物考察团"赴中国西北考察古文物艺术。1940年12月至1941年2月，考察团考察了古都西安和洛阳龙门石窟；1942年3月进入甘肃、青海一带考察；1942年5月，考察团成员陆续到达敦煌。直到1943年5月，考察团分两个阶段在敦煌进行了近一年时间的考察，他们除了进行壁画临摹，还对洞窟进行考古记录，拍摄照片，并对相关的历史考古资料进行收集。考察团在敦煌的重要收获曾以教育部艺术文物考察团名义发表于《说文月刊》1942年第3卷第6期的《敦煌莫高窟现存佛窟概况之调查》。考察期间，曾以各地考察收集的资料以及照片、临摹品陆续举办过7次展览，其中1943年10月在西安举办的"西北艺术文物展览会"盛况空前，当时的媒体报道，三天之内参观的"人数逾十万"，并引起了艺术界、学术界的广泛关注。

在敦煌的考察，使王子云认识到像敦煌这样的艺术宝库应该由国家管理起来并作为艺术教育的基地。1942年王子云向国民政府提出了设立敦煌艺术学院的建议。而在王子云等人考察敦煌石窟的前后，中央研究院西北史地考察团的劳榦、石璋如、向达等学者都曾与王子云结伴工作，他们在其后分别发表了有关敦煌石窟研究的重要著作。在王子云等学者的促成下，国民政府决定设立敦煌艺术研究所，这一重任落在了画家常书鸿的身上。

常书鸿是敦煌石窟保护与研究事业的开拓者。他本来是一位油画家，在法国生活了9年，在油画艺术上达到极高的造诣。然而，他看到了敦煌艺术的伟大价值，放弃了法国的安逸生活，回到中国，奔赴敦煌，并在那里坚守了一辈子。他对敦煌艺术有着深刻的认识，他认为："敦煌是一个大画廊，陈列着从两晋到元代1000多年间的艺术代表作。它们的作者主要是'画工'、'画匠'，没有社会地位，住的是和野人洞差不多的山洞，靠着对宗教的虔诚，一代代毕生从事于壁画和彩塑的创作。他们并不留恋什么残山剩水，也不主张什么胸中丘壑，而是切切实实地描绘社会生活和理想中的佛家世界，使人们喜闻乐见。他们的笔触刚劲有力，线条流畅自如，刚柔相济；用色厚重而明快，描绘精致而完整，造型更是生动完美，美轮美奂。画工所形成的淳朴而浑厚的画风与后来中国文人画的绘画风格，是两种不同的风格和路子，我认为这是中国艺术的正宗和主流。"[133]

著名画家傅抱石在1935年《文化建设》第5期上就曾发表了类似的看法，他认为中国文人画艺术虽然有其娴雅精致之美，但不免小气，无法成为中国这样一个

【133】常书鸿：《九十春秋》，浙江大学出版社，1994年，第74页。

伟大民族的代表。他认为要想找到中国民族艺术的代表，应当去找像敦煌艺术、云冈石窟这样宏大的富有人民性的艺术[134]。

这些艺术家的看法，可以说代表了上世纪 30 年代那一代文化精英们对中国传统艺术的一种共同认识，即中国传统艺术绝不仅仅是如宋元以后的文人艺术那一条涓涓细流，以敦煌石窟、云冈石窟为代表的这些古代无名艺术家之作才体现着中国古代文明的辉煌成就。而绵延了 1000 多年、保存着 700 多座洞窟的敦煌艺术，在中国艺术史上应当占有何等重要的地位。常书鸿看到了这一点，画家张大千、傅抱石、林风眠等也看到了这一点。

常书鸿先生身体力行，在极其艰苦的条件下创办了敦煌艺术研究所。这个研究所本来寄托了艺术家的远大理想。在 1948 年发表的《从敦煌近事说到千佛洞的危机》中[135]，常书鸿提到了法国培养艺术人才的美帝西学院（Vill Medicis）设在罗马，法国选拔一些艺术人才专门送到那里学习，因为罗马有大量古代宫殿和教堂，保存着古希腊罗马和文艺复兴以来艺术巨匠的作品。学员在那里可以受到较好的艺术熏陶，三年期满后，回到法国为艺术界服务。常书鸿的一个伟大抱负，就是要以敦煌艺术来推动中国绘画的改革，来促进中国美术走向现代，走向民族化的道路。他把敦煌看作是中国传统艺术的中心，他所理想的敦煌研究所（最初设想是建立敦煌艺术学院），就是要建成这样一个中国的"美帝西学院"：由教育部聘请对敦煌艺术有兴趣的教授或选拔研究生到这里作专题研究。这样，敦煌就成为一个培养艺术人才的基地，凡是要学习和研究中国古代美术的，就可以到这里学习，从这里了解到中国古代最纯正的艺术。而酝酿成立敦煌艺术研究所的于右任等人最早的提案其实就是要成立敦煌艺术学院，是把研究、保护与培养人才结合起来的一个设想。可以说，当时的有志之士对敦煌艺术的意义有着许多共识。

由此我们可以理解常书鸿先生孜孜以求，甚至在某种程度上放弃了自己心爱的油画创作，而尽全力在荒漠中建设一个敦煌艺术研究所，正是从继承并弘扬这一伟大的传统艺术，以期创立中国自身的新的民族艺术这一愿望出发的。因为，他已经看到中国新美术的发展绝不是靠一两个有名的画家就可以改变的，而是要培养一大批真正懂得中国传统艺术的人才，逐渐创立新的时代艺术。只是由于时代的变迁，常书鸿终身为之奋斗的理想并没有完全实现。

在中国传统艺术发展中，逐渐形成了以敦煌艺术为代表的民众的艺术和文人士大夫的艺术这两大系统，而宋元以后，在中国的特殊历史发展中，文人艺术占了主

【134】傅抱石：《中华民族美术之展望与建设》，《傅抱石美术文集》，上海古籍出版社，2003年。
【135】常书鸿：《从敦煌近事说到千佛洞危机》，原载《大公报》，1948年9月10日。收入《常书鸿文集》，甘肃民族出版社，2004年，第259页。

导地位，民众的艺术便趋于衰微。直到20世纪以来，随着民主运动的兴起，中国文艺界的精英们对中国文艺进行反思，并开始挖掘出那些长期以来被忘记了的民众的艺术。这是一个十分艰难的历程，它伴随着中国民众对中国自身传统认识的深化。从1900年敦煌藏经洞被发现，敦煌石窟为世人所了解，到张大千等人到敦煌临摹壁画，以至常书鸿创立敦煌艺术研究所，经历了40多年时间。1944年由政府设立研究所，并在以常书鸿为首的几代艺术家、学者的孜孜不倦的努力下，又经历了六七十年，今天才可以说，敦煌艺术已逐步深入人心，作为人类文化遗产，作为祖国传统文化艺术的一个重要代表，敦煌艺术在中国美术史上的地位是不可动摇的了。然而，如何继承这一文化遗产并用于民族艺术的创新，却不是一件简单的事，它需要全社会的共识和广大艺术家的共同努力。

通过张大千、常书鸿等艺术家的努力，敦煌艺术逐渐深入人心，此后，画家董希文、潘絜兹、关山月、赵望云、吴作人等相继到敦煌进行临摹学习，敦煌艺术在他们后来的艺术生涯中，产生了不可磨灭的影响。此外，曾在敦煌工作过，并在艺术创作中充分发扬了敦煌艺术的优势，创作出一些富有影响力作品的艺术家还有很多，如工艺美术家常沙娜，雕塑家孙纪元、何鄂等，都在后来的创作中表现出极大的优势。

第二节 《丝路花雨》与"敦煌舞"

敦煌石窟文化留给我们的不仅仅是绘画与雕塑，音乐舞蹈也是极富生命力的。尤其是在现代艺术的创作中，敦煌舞蹈给艺术家们以极大的启发，促成了今天风靡世界的"敦煌舞"。

最早从敦煌艺术中获得灵感而进行舞蹈创作的，首推舞蹈艺术家戴爱莲，她在上个世纪50年代成功地推出了飞天舞。戴爱莲1945年曾住在画家张大千家中，得以朝夕观摩张大千所临摹的敦煌壁画，揣摩敦煌飞天的意蕴。50年代后，她又向梅兰芳、欧阳予倩等艺术大师求教，终于编制出双人舞《飞天》，以其清新流畅而典雅的中国传统风格，令无数国内外的观众倾倒。

20世纪80年代初，由甘肃省歌舞团精心创作的《丝路花雨》搬上舞台，顿时获得巨大成功。该剧的编导刘少雄、许琪等率领相关工作人员数次赴敦煌观摩学习，向敦煌研究院的专家请教，对壁画中的舞蹈形象进行反复的研究。要把敦煌壁画上那些静止的舞蹈形象化为连续的动作，既要对古代舞蹈有充分的认识，又要对舞蹈艺术有深刻的把握，通过舞蹈者的领悟与想象，加之足够的舞蹈艺术的修养，才能把古代艺术演成活的艺术。这部以丝绸之路重镇敦煌为历史背景的舞剧，再现了大唐盛世丝绸之路上中外文化交流中的历史故事，同时，以敦煌壁画艺术中的舞蹈形象为特色，尽情展示其中飞天伎乐、反弹琵琶舞等极富有民族文化特色的舞蹈艺术。特别是反弹琵琶舞蹈造型，给人留下了深刻的印象。敦煌石窟的很多壁画中都绘有反弹琵琶的形象，说明这一舞蹈造型在唐代是极为流行的。莫高窟第112窟的反弹琵琶造型最为优美，艺术家们也从这一画面中吸取其特色，最终依其造型，创作出相应的舞蹈动作，反映了《丝路花雨》剧组的匠心独具。《丝路花雨》的成功，不仅广泛地展示了敦煌艺术的无穷魅力，而且在音乐舞蹈领域掀起了一个继承和发扬祖国传统艺术的高潮，受其影响，《仿唐乐舞》《新编霓裳羽衣舞》《编钟舞》《龟兹舞》等取材于传统文化的舞蹈相继出台。而后，甘肃省艺术学校的高金荣还编创了一套《敦煌舞教程》，就是对敦煌舞蹈规律的一个系统的总结，由此而产生了如"千手观音"等著名舞蹈节目，使敦煌舞蹈更加深入人心。

1994年，由日本著名舞蹈家花柳千代创作，著名舞蹈家花柳乐寿、花柳千代等共同演出的大型舞剧《大敦煌》在东京上演。这部取材于敦煌莫高窟第156窟《张议潮出行图》《宋国夫人出行图》的作品，以唐代敦煌历史为背景，展示了丝绸之路的风情和敦煌文化的特色，而敦煌风格的舞蹈也是其中的亮点。《大敦煌》是以日本传统舞蹈为基础的，但其中大量借鉴了敦煌艺术的造型特点，表明了敦煌舞蹈艺术的影响已走向了世界。

第三节　今天我们如何弘扬敦煌文化

100多年来敦煌学研究的发展，使人们认识到，敦煌文化是中国传统文化的重要组成部分，敦煌文化保存了中国古代文化中许多鲜活的资料，而且对我们今后的文化建设具有重要的价值。今天，欣逢盛世，在经济发展的基础上，党和政府提倡文化建设，党的十七届六中全会决议明确指出："弘扬以爱国主义为核心的民族精神和以改革创新为核心的时代精神。爱国主义是中华民族最深厚的思想传统，最能感召中华儿女团结奋斗；改革创新是当代中国最鲜明的时代特征，最能激励中华儿女锐意进取。要广泛开展民族精神教育，大力弘扬爱国主义、集体主义、社会主义思想，增强民族自尊心、自信心、自豪感，激励人民把爱国热情化作振兴中华的实际行动，以热爱祖国和贡献自己全部力量建设祖国为最大光荣，以损害祖国利益和尊严为最大耻辱。"这为敦煌文化的弘扬与发展指出了广阔的前景。

文化遗产是祖国传统文化教育、爱国主义教育的重要基地。文化的发展不能脱离教育，要把像敦煌石窟这样的文化遗产纳入教育体系，配合学校的课堂教育，把相关内容编入中小学课本。有条件的地方直接让中小学生就近参观访问，培养青少年从小了解祖国的文化遗产，学会欣赏中国传统文化艺术，从而通过真实可感的文化遗产，培养出强烈的爱国主义精神。

改革开放30年来，作为世界文化遗产敦煌莫高窟的管理单位，敦煌研究院在研究和宣传方面取得了丰硕的成果，在全面研究、基本搞清了敦煌壁画内容和价值的基础上，①有计划地临摹复制有代表性的壁画、彩塑，在国内外举办敦煌艺术展，大力宣传敦煌文化；②不断提高讲解员素质，向游客提供高质量的讲解服务；③编写面向普通观众的读物，目前已有数十种普及读物、图册等，深受观众喜爱，有的书每年都要重印上万册；④根据壁画故事，编成三维动漫节目，除了本院的专业人员取得一定成果外，还与国内有关单位合作，进行新的创作；⑤与相关大学合作，培养人才，进行研究或艺术创新；⑥把文化遗产知识送进校园，与一些地方的小学、中学建立教育合作共建机制，作为公益活动，由敦煌研究院在学校举办小型敦煌艺术展览和专家讲座，把传统文化送进校园。作为文化遗产的管理和研究单位，敦煌研究院坚持保护、研究、弘扬的方针，对于推广敦煌文化艺术作出了贡献。

当然，弘扬敦煌文化，不仅仅是敦煌研究院一个单位的事，国内许多单位和个人都在努力进行这方面的工作，也取得了相应的成果。如甘肃省文艺工作者在学习研究敦煌艺术中，创作了大型歌舞剧《丝路花雨》，取得了很大的成就，成为甘肃的文化品牌而具有国际影响，近年来创作的《大梦敦煌》也产生了较大的影响力。从美术创作方面看，不少画家、雕塑家吸取敦煌艺术、麦积山艺术应用在创作中，走出了一些具有特色的路子。近年来，甘肃省的部分画家提出了创立"敦煌画派"的口号，表示要继承敦煌艺术进行创新，从继承发扬敦煌艺术来看，有其积极的影响。但是对于"敦煌画派"的提法，也存在不同看法，艺术创作并非一蹴而就的事，也不是高呼口号、宣传"打造"就能成功的。艺术创作是个实践活动，没有功力深厚、富有创意的作品，没有真正打动人的作品，一切都是空的。而要真正形成一个画派，需要有足够的创造力、足够的时间考验，绝不是短期内可以造就的。我们理解开创"敦煌画派"的愿望，但我们更愿意看到有更多的人沉下心来，真正去学习并理解敦煌艺术的精髓，并通过艰苦的努力，把传统艺术化为自身的修养，从而得心应手地创作出代表这个时代的艺术。而敦煌艺术也不仅仅是绘画和雕塑，在音乐、舞蹈、工艺装饰、服装设计等领域都有着巨大的潜力，而且，在不同的行业也已有专家、艺术家在进行着探索与创造，这些不同领域的探索必然会汇成滔滔洪流，就是弘扬敦煌文化、弘扬民族传统的浪潮。

发展旅游事业，当然也是弘扬敦煌文化的重要方面。敦煌莫高窟的旅游发展迅猛，到2013年全年游客量已超过了70万人次。游客量急增，固然给敦煌地区以及甘肃省带来了经济收益，极大地促进了敦煌一带旅游经济的发展，给本地百姓带来了实惠。但是经历了1000多年的敦煌石窟已经十分脆弱，大量游客的涌入，给文物的安全带来了隐患。要保证文化遗产开发的可持续性发展，就必须把遗产的保护放在第一位，采取科学保护的办法。敦煌研究院在几十年遗产保护事业中积累了丰富的经验，并形成了一套系统的遗产保护技术，敦煌石窟的保护不仅注意到石窟本体的科学保护，还注意到旅游发展中的保护，他们通过对游客承载量的调查，得出了每个洞窟合理的游客参观人数。而近年来，每到旅游季节，差不多每天的游客都超出了洞窟的承载量。2014年8月以后，终于在莫高窟采取了限制每天参观人数的办法，规定每天参观人数最多不能超过6000人。

对敦煌石窟这样的文化遗产开发，应该有长远的可持续发展思想，就是要有文化的战略眼光，既要加强文化遗产高等级的保护，又要让游客充分体会其中的美，能够沉浸其中。现代旅游越来越注重人性化设施、个性化服务，使游客身心得到放松，能够轻松地欣赏文化遗产和自然风光，达到快乐旅游的目的。要实现文化资源利用，必须有一个大前提，就是要完整地保护好文化遗产，如果文化遗产受到破坏甚至消失了，一切利用和发扬都无从谈起。而地方政府如果只考虑眼前的GDP增长，不能从全局考虑，结果只能是杀鸡取卵，使文化遗产遭到灭顶之灾。

总之，不论是通过文化教育，还是健康的旅游发展，都可以从不同的角度宣传敦煌文化，使广大民众在快乐欣赏中感受传统文化的精神，领略古代艺术的魅力。文化工程的良性发展，必然会促进更多的人们吸取传统文化的养分，创造出适合这个时代的作品。

参考文献

一、古籍：

《后汉书》，北京：中华书局，1965 年。

《魏书》，北京：中华书局，1974 年。

《隋书》，北京：中华书局，1973 年。

《旧唐书》，北京：中华书局，1986 年

《新唐书》，北京：中华书局，1973 年。

《唐会要》，北京：中华书局，1990 年

《全唐诗》，北京：中华书局，1960 年。

《全唐文》，北京：中华书局，1983 年。

《隋唐嘉话、朝野佥载》，北京：中华书局，2005 年。

《历代名画记》，北京：人民美术出版社，1964 年。

《唐朝名画录》，四川美术出版社，1985 年。

《初学记》，北京：中华书局，1962 年。

《太平御览》（影印本），北京：中华书局，1960 年。

《西阳杂俎》，北京：中华书局，1986 年。

《资治通鉴》，北京：中华书局，1976 年。

《大正新修大藏经》，高楠顺次郎等编，东京：大正一切经刊行会，1924 年。

二、近人著作：（以著者姓氏读音为序）

爱德华·谢弗著，吴玉贵译，《唐代的外来文明》，中国社会科学出版社，1995 年。

常书鸿，《常书鸿文集》，兰州：甘肃民族出版社，2004 年。

池田温，《中国古代写本识语集录》，东京：东京大学东洋文化研究所，1990 年。

池田温著，张铭心、郝铁军译，《敦煌文书的世界》，北京：中华书局，2007 年。

敦煌文物研究所编，《中国石窟·敦煌莫高窟》（1 卷–5 卷），北京：文物出版社，1982–1987 年。

敦煌文物研究所编，《敦煌莫高窟内容总录》，北京：文物出版社，1982 年。

敦煌研究院编，《敦煌莫高窟供养人题记》，北京：文物出版社，1986 年。

敦煌研究院编，《中国敦煌学百年文库》，兰州：甘肃文化出版社，1999 年。

段文杰主编，《中国敦煌壁画全集》（1 卷–11 卷），辽宁美术出版社，天津人民美术出版社，1989–2006 年。

段文杰，《敦煌石窟艺术·莫高窟 285 窟》，南京：江苏美术出版社，1995 年。

敦煌文化探微

段文杰，《敦煌石窟艺术·榆林窟 25 窟》，南京：江苏美术出版社，1997 年。

段文杰，《敦煌石窟艺术研究》，兰州：甘肃人民出版社，2007 年

董锡玖，《缤纷舞蹈文化之路——董锡玖舞蹈史论集》，兰州：敦煌文艺出版社，2006 年。

樊锦诗主编，《敦煌与隋唐城市文明》，上海：上海教育出版社，2010 年。

樊锦诗、蔡传堂、黄文昆，《敦煌石窟全集 莫高窟第 268–275 窟考古报告》，北京：文物出版社，2011 年。

高国藩，《敦煌古俗与民俗流变》，南京：河海大学出版社，1989 年。

高国藩，《敦煌民俗资料导论》（敦煌导论丛刊 8），台北：新文丰出版公司，1993 年。

高启安，《旨酒羔羊——敦煌的饮食文化》，甘肃教育出版社，2007 年。

郝春文，《唐后期五代宋初敦煌僧尼的社会生活》，北京：中国社会科学出版社，1998 年。

贺世哲，《敦煌石窟全集·法华经画卷》，香港：商务印书馆，1999 年。

贺世哲，《敦煌石窟论稿》，兰州：甘肃民族出版社，2004 年。

黄征、吴伟，《敦煌愿文集》，长沙：岳麓书社，1995 年。

季羡林主编，《敦煌学大辞典》，上海：上海辞书出版社，1998 年。

姜伯勤，《中国祆教艺术史研究》，北京：生活·读书·新知三联书店，2004 年。

李重申，《忘忧清乐——敦煌的体育》，甘肃教育出版社，2007 年。

李明伟，《丝绸之路贸易史研究》，兰州：甘肃人民出版社，1991 年。

李约瑟，《中国科学技术史》第 4 卷，北京：科学出版社；上海：上海古籍出版社，1999 年。

李正宇，《敦煌史地新论》，台北：新文丰出版公司，1996 年。

李正宇，《古本敦煌乡土志八种笺证》，台北：新文丰出版公司，1998 年。

李正宇，《敦煌历史地理导论》，台北：新文丰出版公司，1997 年。

林悟殊，《摩尼教及其东渐》，北京：中华书局，1987 年。

马德，《敦煌莫高窟史研究》，兰州：甘肃教育出版社，1996 年。

马德，《敦煌工匠史料》，兰州：甘肃人民出版社，1997 年。

马德，《敦煌石窟全集·交通画卷》，香港：商务印书馆，1999 年。

妹尾达彦，《长安の都市计画》，东京：讲谈社，2001 年。

宁可、郝春文，《敦煌社邑文书辑校》，南京：江苏古籍出版社，1999 年。

潘重规编，《敦煌变文集新书》，台湾文津出版社有限公司，1994 年。

潘吉星，《中国造纸技术史稿》，北京：文物出版社，1979 年。

彭金章、王建军,《莫高窟北区石窟》(1卷-3卷),北京:文物出版社,2000-2004年。

齐陈骏,《河西史研究》,兰州:甘肃教育出版社,1989年。

荣新江,《归义军史研究》,上海:上海古籍出版社,1996年。

荣新江,《敦煌学十八讲》,北京:北京大学出版社,2001年。

上山大峻,《敦煌の佛教》,东京:法藏馆,1990年。

施萍亭,《敦煌石窟全集·阿弥陀经画卷》,香港:商务印书馆,2002年。

施萍亭,《敦煌习学集》,兰州:甘肃教育出版社,2004年。

史苇湘,《敦煌历史与莫高窟艺术研究》,兰州:甘肃教育出版社,2002年。

孙儒僩、孙毅华,《敦煌石窟全集·建筑画卷》,香港:商务印书馆,2001年。

孙毅华、孙儒僩,《敦煌石窟全集·石窟建筑卷》,香港:商务印书馆,2003年。

谭蝉雪,《敦煌婚姻文化》,兰州:甘肃人民出版社,1993年。

谭蝉雪,《敦煌岁时文化导论》,台北:新文丰出版公司,1998年。

谭蝉雪,《敦煌石窟全集·民俗画卷》,香港:商务印书馆,1999年。

谭蝉雪,《敦煌民俗》,兰州:甘肃教育出版社,2006年。

唐耕耦、陆宏基编,《敦煌社会经济文献真迹释录》,第1辑,北京:书目文献出版社,1986年。

唐耕耦、陆宏基编,《敦煌社会经济文献真迹释录》,第2辑-5辑,北京:全国图书馆文献缩微复制中心,1990年。

王惠民,《敦煌石窟全集·弥勒经画卷》,香港:商务印书馆,2002年。

王进玉,《敦煌石窟全集·科学技术画卷》,香港:商务印书馆,2001年。

王进玉,《敦煌学和科技史》,兰州:甘肃教育出版社,2011年。

王克芬,《敦煌石窟全集·舞蹈画卷》,香港:商务印书馆,2001年。

王仲荦,《敦煌石室地志残卷考释》,上海:上海古籍出版社,1993年。

王仲荦著,郑秀宜整理,《敦煌石室地志残卷考释》,上海:上海古籍出版社1993年。

向达,《唐代长安与西域文明》,北京:三联书店,1957年。

项楚编,《敦煌变文选注》,巴蜀书社,1990年。

项楚,《敦煌诗歌导论》,成都:巴蜀书社,2001年。

萧默,《敦煌建筑研究》,北京:文物出版社,1989年。

颜廷亮主编,《敦煌文学概论》,兰州:甘肃人民出版社,1993年。

袁行霈等主编,《中华文明史》(第1卷-3卷),北京:北京大学出版社,2006年。

赵声良,《敦煌壁画风景研究》,北京:中华书局,2005年。

赵声良，《敦煌艺术十讲》，上海：上海古籍出版社，2007 年。

赵声良，《飞天艺术——从印度到中国》，南京：江苏美术出版社，2009 年。

赵声良，《敦煌石窟艺术总论》，兰州：甘肃教育出版社，2013 年。

赵声良，《敦煌石窟美术史（十六国北朝）》，高等教育出版社，2014 年。

郑汝中，《敦煌石窟全集·音乐画卷》，香港：商务印书馆，2002 年。

郑汝中，《敦煌壁画乐舞研究》，兰州：甘肃教育出版社，2002 年。

郑阿财，《敦煌蒙书研究》，兰州：甘肃人民出版社，2002 年。

郑阿财、朱凤玉，《开蒙养正——敦煌的学校教育》，兰州：甘肃教育出版社，2007 年。

郑炳林，《敦煌碑铭赞辑释》，兰州：甘肃教育出版社，1992 年。

郑炳林主编，《敦煌归义军史专题研究》，兰州：兰州大学出版社，1997 年。

郑炳林主编，《敦煌归义军史专题研究续编》，兰州：兰州大学出版社，2003 年。

郑炳林主编，《敦煌归义军史专题研究三编》，兰州：甘肃文化出版社，2005 年。

朱谦之，《中国景教》，北京：人民出版社，1993 年。

后 记

　　自1900年敦煌藏经洞被发现后，历经劫难，敦煌文物流散于世界各地，由此而产生了世界性的学术研究——敦煌学。发展至今，已过了100多年。随着敦煌学各学科的发展，敦煌石窟以及藏经洞出土文物所包含的文化价值越来越显示出它的博大与深厚。如本书所揭示的那样，敦煌文化反映了公元4世纪至14世纪中国古代文化方方面面的内容，而且它不仅有大量的文献资料，还有丰富的形象资料，诸如壁画、雕塑以及各种丝织品、工艺品等等文物资料，从中使我们对中国古代的政治、宗教、文学、艺术、科技等方面有了多角度的形象的认识。

　　近年来，中央文史研究馆启动了编纂"中国地域文化通览"项目，这一巨大的文化工程反映了政府对文化建设的高度重视。研究和认识传统文化，为当今文化建设提供借鉴，对于传承中华文明，建设一个现代化的文化强国具有极其深远的意义。作为《中国地域文化通览·甘肃卷》的撰稿人之一，我们在承担其中的"敦煌文化"等章节的撰写中，不断地认识到敦煌文化的深厚与博大。我们深感敦煌文化与其他地区的区域文化的不同，敦煌由于保存了一个延续达千年的佛教石窟，以及一个曾经收藏了5万多件古代文献以及数百件文物的藏经洞，而成为中国古代文化的"博物馆"，它所反映的内涵不仅仅限于敦煌地区或者甘肃地区，而是那个时代中国文化的一个缩影。对敦煌文化的传承与弘扬也是我们敦煌学研究者义不容辞的责任。因此，在完成了我们承担的《中国地域文化通览·甘肃卷》中部分章节的写作后，我们把相关内容进一步扩充、完善，编成了这部《敦煌文化探微》。

　　本书的编写是在樊锦诗院长的指导下完成的。作者的分工如下：

戴春阳承担：第一章　敦煌文化概述

　　　　　　第六章　科学技术

赵声良承担：第四章　文学

　　　　　　第五章　艺术

　　　　　　第七章　多元文化的敦煌

　　　　　　第八章　敦煌的启示

张元林承担：第二章　宗教文化

　　　　　　第三章　社会生活

　　最后由赵声良统稿完成。敦煌石窟的照片主要由敦煌研究院数字中心提供，部分线图采自一些敦煌学出版物，均在图中注明，并对原作者表示衷心感谢。由于作者学识有限，错误在所难免，谨请广大读者批评指正。

编者

2014 年 1 月

图书在版编目（CIP）数据

敦煌文化探微 / 敦煌研究院编著. — 南京：江苏凤
凰美术出版社，2014.10（2021.9重印）

（敦煌文化与丝绸之路丛书）

ISBN　978-7-5344-7901-4

Ⅰ.①敦…　Ⅱ.①敦…　Ⅲ.①敦煌学 – 研究　Ⅳ.
①K870.6

中国版本图书馆CIP数据核字（2014）第213995号

策　　划　程继贤
责任编辑　毛晓剑
　　　　　郭　渊
助理编辑　程继贤
装帧设计　毛晓剑
责任校对　吕猛进
责任监印　生　嬿

书　　名　敦煌文化探微
编　　著　敦煌研究院
出版发行　江苏凤凰美术出版社（南京市湖南路1号　邮编：210009）
制　　版　南京新华丰制版有限公司
印　　刷　合肥精艺印刷有限公司
开　　本　718mm×1000mm　1/16
印　　张　11.75
版　　次　2014年10月第1版　2021年9月第8次印刷
标准书号　ISBN　978-7-5344-7901-4
定　　价　58.00元

营销部电话　025-68155661　营销部地址　南京市湖南路1号
江苏凤凰美术出版社图书凡印装错误可向承印厂调换